Terrorismus in Deutschland

Peter Kutza

Terrorismus
in Deutschland

Dieses Buch will den Nachweis von erhöhter Strahlen-
belastung durch elektromagnetische Wellen und
daraus resultierender Gesundheitsschädigung, wie auch
deren Vorsätzlichkeit im persönlichen Falle belegen.

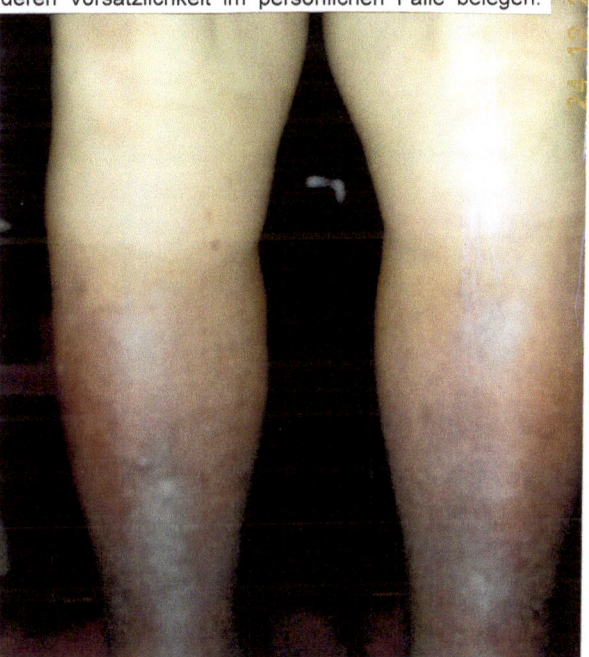

Herstellung und Verlag:
BoD - Books on Demand
ISBN 978-3-7528-6364-2

Inhalt

Teil I : Strahlenfolter - Verbrechen in Deutschland   19
            Rechtsanwalt an Bundesregierung / Staatsanwaltschaft
            Farbabblidungen von Strahlenfolter-Verbrennungen
            Bundesministerium für Umwelt, Naturschutz, Bau u.a.

Teil II : Merkblatt Mikrowellen-Verbrechen / E-Folter aus der   49
            Distanz, Farbabbildungen von Vergleichsmessungen V/m
            Pulsmodulierte Hörfrequenz dB, Messung im Ohr farbig

Teil III : Chromosomenbrüche med. Nachweise, Fachliteratur DNA   79
            Elektonische Waffen, Gang Stalking, Mindcontrol-Folter
            Strahlenterror BRD, Mordverdacht, Datenschutzbeauftragter

Teil IV : Bestandsaufnahme, Im Zeichen der Aufrüstung, Grundsätz-   107
            liches, Demokratie in Gefahr

Teil V : Die neuen Reichmacher, Gewalt und Rechtsprechung, aus   129
            Ossietzky, Volksverdummung, Ende der Gerechtigkeit
                        Nachwort

"TERROR DURCH STRAHLENSCHÄDEN"

Diese aktuellen Fotos beweisen die weiterhin stattfindenden körp-
erverletzenden Einschüssen von E-Waffen und hinterlassen offene,
nässende Wunden an meinen Beinen. Datum 24.03.2018

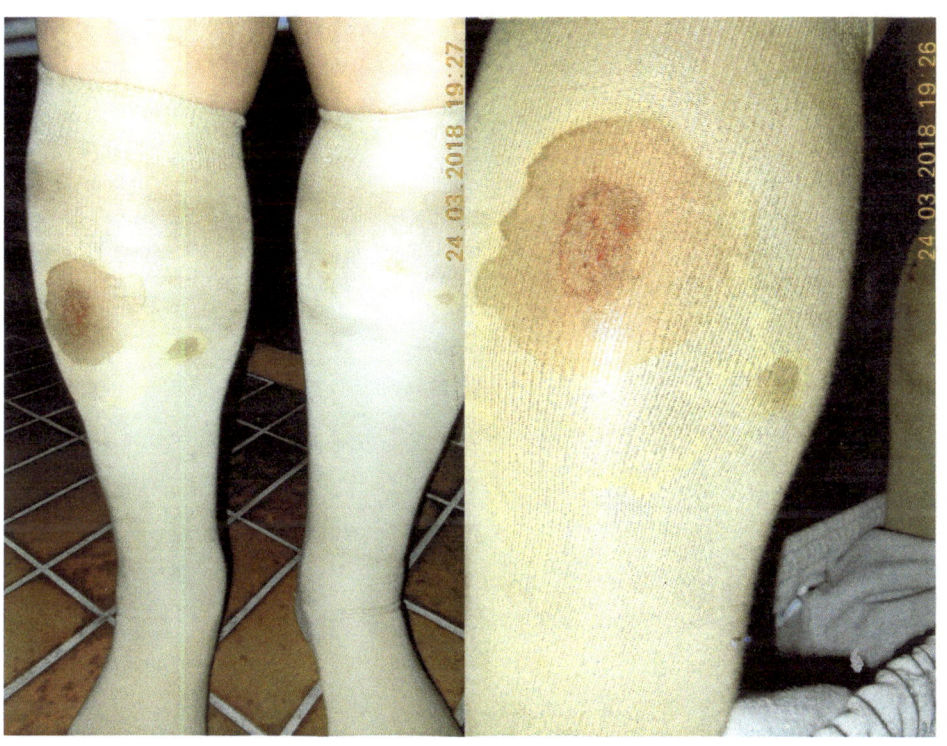

7

Es darf nicht sein, dass diese Verbrechen von der Regierung gedeckt werden. Ein Deutscher hat, wann immer er in den Schutzbereich der staatlichen Ordnung - Grundgesetz der Bundesrepublik Deutschland - gelangt, einen Anspruch auf den vollen Schutz der Gerichte und alle Garantien der Grundrechte des Grundgesetzes! Urteil des BVerfG vom 31. Juli 1973.

Von Sendemasten des Mobilfunk/Sektorantennen, wie auch im näheren Bereich aus der Nachbarschaft können Generatoren oder auch E-Waffen benutzt werden (Fotos), um Terror mit elektromagnetischen Strahlen gegen die Bevölkerung auszuüben.

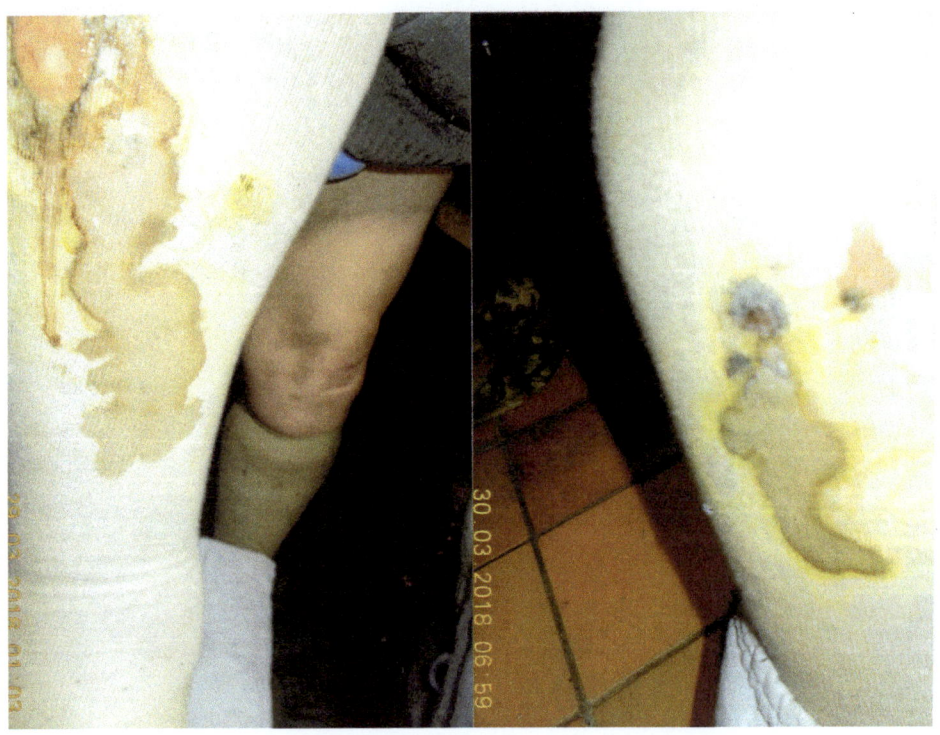

Wie in diesem weiteren Buch nachgewiesen wird, ist durch Fotobeweise
die "Körperverletzung" durch E-Waffen - unten abgebildete Verletzung-
en, die klar die Einschüsse in verschiedenen Größen zeigen - unbest-
reitbar bewiesen!
Deshalb sind nach StPO Paragraphen 160 und 163, alle unaufschiebaren
Anforderungen zu treffen, um die Verdunkelung der Sache zu verhüten.
Hierzu sind die Strafverfolgungsbehörden verpflichtet. (Legalitäts-
prinzip - 152 II StPO), Haftung bei Amtspflichtverletzung BGB § 839.

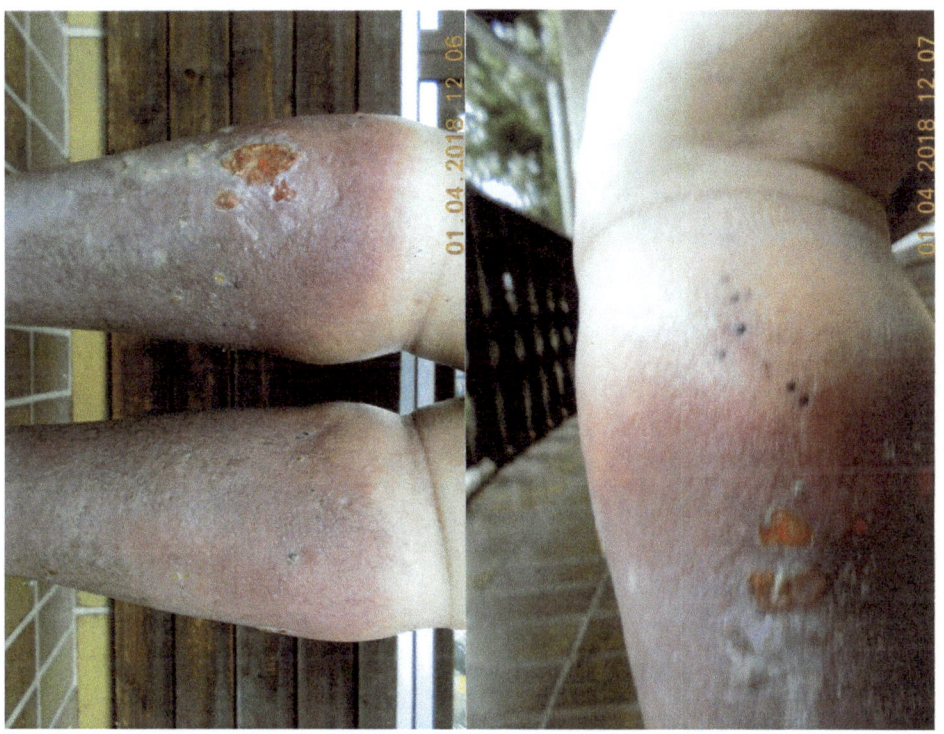

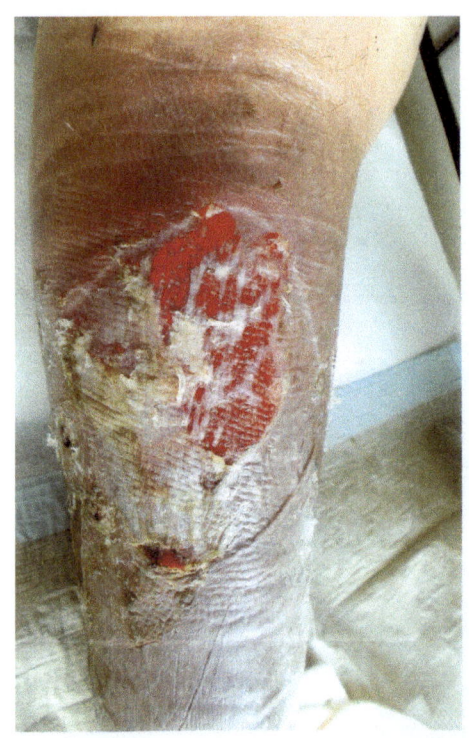

rechtes Bein vorne   Linkes Bein vorne

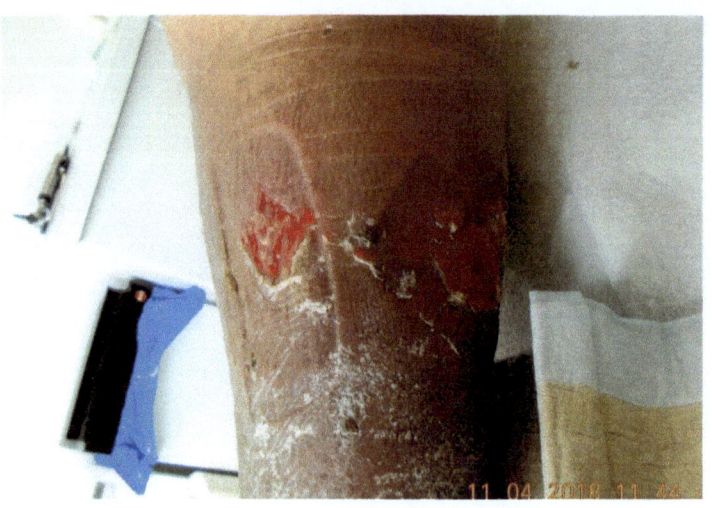

11.04.2018 11:44

Erläuterung zu meiner Beweisführenden-DVD (die vorliegt)

Auf dieser DVD sieht man die willkürliche, vorsätzliche Einstrahlung mit elektromagnetischen Wellen, von denen ich auch
außerhalb meines Hauses verfolgt werde.

Spontan anzeigende Messanzeigen beweisen die Absicht der Bestrahlung - während die Messanzeige auch plötzlich aufhören
kann durch akustisches Pipsen, den angezeigten Wert zu signal-
isieren weil die Einstrahlung momentan aufhörte.

Das Messgerät wurde vom Messtrupp aus Landshut eingestellt.

Das Gerät besitzt eine Messantenne, dass den Bereich von 100
kHz bis 3 GHz als Summenmessgerät erfasst und bei 27 V/m als
unterer Grenzwert für den MHz-Bereich einen Dauerton aussendet.

Da es als Signalgerät mit Alarmanzeige konzipiert ist, steigert
sich der Signalton bei ansteigendem Messwert bis zum eingestel-
lten Grenzwert und erreicht dann den Dauerton (Alarm) der bei
27 V/m für den unteren Feldstärke-Bereich von ca. 400 MHz liegt,
da der Grenzwert nach oben gestaffelt ist.

Grenzwerte MHz EL.Feld			Leistungsdichte	
GSM - 900	-	41 V/m	4,5	W/m^2
GSM - 1800	-	58 V/m	9	W/m^2
UMTS		61 V/m	10	W/m^2

TETRA Mobiltelefon ca. 390 MHz

Bei meinen Messungen wird die Summenfeldstärke dieser Frequenzbereiche erfasst, der Schallpegel jedoch ist nur in dB (Dezibel)
mit enem Schallpegel-Messgerät erfassbar. Ab 55 dB steigt unser
Blutdruck, schon 30 dB stören den Schlaf und schütten "Stresshormone" aus - Baubilogie Wolfgang Maes. Es wird geplant die letzten
Löcher für Sendemastenversorgung zu schließen. Hierzu ist anzumerk-
en, dass auch bei dichterer Senderversorgung deutlich niedrigere
Strahlenleistungen ausreichen müssen, da ab 1 V/m Langzeitschäden
auftreten können. Normales Telefonieren ist bei 0,2 V/m möglich -
es darf keine Mobilfunk-Zeitschlitzpulsung zum Höreffekt stattfinden.

Peter Kutza

94209 Regen, 4.4.2018
St.-Anton- Str. 14
Tel. 09921/4904

Rechtsanwalt

Reiner Frensemeyer

Otto-Hahn-Str. 18
44869 Bochum

Kutza - Bundesregierung

Sehr geehrter Herr Rechtsanwalt Frensemeyer,

diese Farbkopien und Texte reiche ich Ihnen in doppelter Ausführung
nach und bitte Sie diese wie in meinem Schreiben vom 25.3.2018 an -
Sie erwähnt - an die entsprechenden Ministerien (die Ihnen vermutlich
nicht antworten) ergänzend mit aller Deutlichkeit zu Ihren eigenen
Anschreiben in meiner Angelegenheit nachzureichen.

Die Inhaltsangabe meines neuen Buches lege ich Ihnen ebenfalls bei,
da man die wichtigsten Zusammenhänge ersehen kann und bitte um Ihren
Bescheid.

Mit freundlichen Grüssen

Peter Kutza

Anlagen

Peter Kutza   94209 Regen, 25.3.2018
St.-Anton-Str. 14
Tel. 09921/4904

Rechtsanwalt

Reiner Frensemeyer

Otto-Hahn-Str. 18
44869 Bochum

Kutza - Bundesregierung

Sehr geehrter Herr Rechtsanwalt Frensemeyer,

Beiliegend übersende ich Ihnen den Bescheid der StA Deggendorf vom
21.03.2018. Unsinniger Weise wird von bloßen Vermutungen geschrieb-
en, dass eine Straftat vorliegt.
Sie hatten mir jedoch auch schon vorher einmal mitgeteilt, dass die
Staatsanwaltschaft in meinem Fall nicht mehr tätig werden wird, dabei
ist es leider geblieben.

Da wir nun in der neuen Merkel-Regierung einige Veränderungen der jeweiligen Ministerebene, wie Justiz, Gesundheit und auch Innenministerium zur Kenntnis nehmen dürfen, sehe ich hier noch eine Möglichkeit
den verfassungsrechtlichen Anspruch auf körperliche Unversehrtheit -
GG Art.2/2 durchzusetzen.

Da nun auch wiederholte Amtspflichtverletzung in meinem Fall vorliegt,
bitte ich Sie sich auch an das Bundesinnenministerium Herrn Horst Seehofer zu wenden, da er als Bundesminister die Möglichkeit hat sich
mit oben genannten Ministerien in Verbindung zu setzen - um diesem
langjährigen "Terror mit elektromagnetischen Wellen" in Deutschland
ein Ende zu machen und die Grund- und Menschenrechte für die zahlreichen Opfer wieder herzustellen. "Verbrechen muß bekämpft werden."

Mit freundlichen Grüssen   Peter Kutza

P.S. Geben Sie mir bitte Bescheid!

Staatsanwaltschaft Deggendorf

Staatsanwaltschaft Deggendorf,
Gräflinger Straße 34, 94469 Deggendorf

Herrn
Hans Peter Kutza
Sankt-Anton-Straße 14
94209 Regen

Frau Staatsanwältin Linder
Telefon: 0991 3898 339
Telefax: 0991/3898-348

Ihr Zeichen, Ihre Nachricht vom	Bitte bei Antwort angeben Akten - / Geschäftszeichen	bru Datum
	7 UJs 632/18	21.03.2018

Ermittlungsverfahren gegen Unbekannt,
            zum Nachteil von Herrn Hans Peter Kutza, Regen

            wegen Körperverletzung

Sehr geehrter Herr Kutza,

in dem oben genannten Verfahren habe ich mit Verfügung vom 16.03.2018 folgende Entscheidung getroffen:

Der Strafanzeige des Peter Kutza wird gemäß § 152 Abs. 2 StPO keine Folge gegeben.

Gründe:

Gemäß § 152 Abs. 2 StPO ist ein Ermittlungsverfahren wegen verfolgbarer Straftaten nur dann einzuleiten, wenn hierfür zureichende tatsächliche Anhaltspunkte vorliegen. Diese müssen es nach den kriminalistischen Erfahrungen als möglich erscheinen lassen, dass eine verfolgbare Straftat vorliegt. Dies ist vorliegend nicht der Fall.

Bloße Vermutungen rechtfertigen es nicht, jemandem eine Tat zur Last zu legen.

Hausanschrift	Haltestelle	Geschäftszeiten	Kommunikation
Gräflinger Straße 34	Bachstraße	Mo-Fr.: 08:00-12:00 Uhr	Telefon: 0991/3898-0
94469 Deggendorf	**Behindertenparkplatz**		Telefax: 0991/3898-200
	Alte Poststraße		poststelle@sta-deg.bayern.de

Die E-Mail-Adresse eröffnet keinen Zugang für formbedürftige Erklärungen in Rechtssachen

Mit freundlichen Grüßen

gez. Linder
Staatsanwältin

Dieses Schreiben wurde elektronisch erstellt und enthält deshalb keine Unterschrift, wofür um Verständnis gebeten wird.

Kopfschüttelnd nahm ich Ihre Formulierung einer verfolgbaren -
Straftat zur Kenntnis, die es nach den kriminalistischen Erfahrungen als möglich erscheinen lassen, dass eine verfolgbare Straftat vorliegt.

Tatsache ist, dass hierfür zureichende tatsächliche Anhaltspunkte
einer verfolgbaren Straftat der "Körperverletzung" durchaus vorliegen.

Es ist seit weit über zehn Jahren den Polizeien / Staatsanwaltschaften und Innenministerien vielfach bekannt gemacht worden, mit
welch kriminellen technischen Methoden Menschen in Deutschland zu
Schaden durch elektromagnetische Wellen-und Waffen gebracht werden.

Es scheint inzwischen offenkundig, das nach derart langen Zeiträumen
trotz internationalen Konferenzen und Fachliteratur - kein Wille,
sei es durch mangelnde Ausbildungs-Kenntnisse oder durch Weisungen
höchster Dienstherren vorhanden ist, bei diesen auch zur Bevölker-
ungssteuerung verwendbaren illegalen Techniken - die Interessen
der Opfer wahrzunehmen.

Gemeinschaftspraxis
Dr. Waltraud Höllein
Dr. Peter Höllein

Allgemeinmedizin
Sportmedizin
Akupunktur
Schmerztherapie

Dres.med. W. u. P. Höllein • Am Sand 9 • 94209 Regen

Ärztliches Attest

Regen, 09. April 2018

Für: Hans-Peter Kutza, geb. 14.10.1944, wohnhaft 94209 Regen, St.Antonstr. 14.

Befund:

mehrere kleine bis 1 cm große Hautdefekte am Unterschenkel beidseits, teilweise offen mit Exsudation und teilweise mit trockenen Krusten belegt, mehrere bis 5x4 cm große oberflächliche stark exsudierende Hautverletzungen, starke Rötung und auch Schwellung beider Unterschenkel, braune dunkle Verfärbung der distalen Unterschenkelhaut, Verschlechterung des Verlaufes wurde mit mitgebrachten Bildern dokumentiert

Therapie:

Regelmäßige Verbandswechsel mit Desinfektion und entzündungshemmenden Stoffen, Kompressionstherapie und orale Antibiotikatherapie

Dr. med. univ. Florian Höllein

Peter Kutza

94209 Regen, 12.4.2018
St.-Anton-Str. 14
Tel. 09921/4904

Rechtsanwalt

Reiner Frensemeyer

Otto-Hahn-Str. 18
44869 Bochum

Kutza - Bundesregierung

Sehr geehrter Herr Rechtsanwalt Frensemeyer,
zunächst vielen Dank für Ihre Ostergrüsse!
Wie ich vermutet habe will niemand seitens dieser Merkel-Verfassungs-
widrigkeiten hinsichlich des "Terror in Deutschland", durch elektromagnetische Strahlen - regierungsamtlich tätig werden.

Dies beweist auch mein beigelegtes Schreiben vom BMUB (19.12.2017) -
und der Ihnen schon vorliegende Bescheid der StA Deggendorf (21.3.2018)

Ihr Schreiben an die Bundesregierung vom 5.2.2018, hat offensichtlich
bisher keinen Erfolg, da wie man ersehen kann niemand für die schweren
Verbrechen der "Körperverletzung" zuständig sein möchte.
Mit Schreiben vom 4.4.2018 - liegen Ihnen weitere Schädigungsbeweise
in doppelter Ausführung als Farbkopien vor.
Diesem Schreiben lege ich noch das "Attest" über deren Behandlung bei.

Wenn Ihnen keine weiteren Antworten mehr zugekommen sind, bleibt noch
gemäß meinem Schreiben vom 25.3.2018 - wegen wiederholter Amtspflichtverletzung das Bundesjustiz- und das Bundesinnenministerium zu beauf-
tragen die Grund- und Menschenrechte in meinem Fall wieder herzustellen und für Strafermittlungen wegen vorsätzlicher "Körperverletzungen"
Sorge zu tragen.

Lassen Sie mir bitte auch diesmal bald einen Bescheid zukommen.

Mit freundlichen Grüssen

Teil I

Strahlenfolter - Verbrechen in Deutschland

In der Bundesrepublik wird seit längeren Jahren mit elektromagnetischen Strahlungen Teile der Bevölkerung gesundheitlicher Schaden
zugefügt. In manchen Fällen sogar dauerhaft hierdurch gefoltert und
Todesfolge herbei geführt (Mord).

Durch elektromagnetische Strahlungen ist es möglich den Blutdruck
spontan zu verändern - was zu Schlaganfall führen kann, den Puls-
schlag des Herzens zu manipulieren, Benommenheit herzustellen und
einen Menschen in Kürze durch eine Kombination mehrerer verschieden
auf den Körper einwirkenden Frequenzen - bei entsprechender Feldstärke Verwirrtheit und Handlungsunfähigkeit herzustellen.

Dies entspricht eindeutiger Folter durch E-Waffen, wozu auch noch
stetiger Besendungsterror durch Pulsmodulation zum "Höreffekt" ge-
zählt werden muss, da diese illegale Besendung auch "Mobbing, Nötigung und Körperverletzung" beinhaltet.

Anzeigen bei den zustädigen Behörden waren bis heute nicht erfolgreich und auch in den Medien wird dieser "Verbrechensskandal" weitgehend unter der Decke gehalten.
Trotz mehrerer internationaler Konferenzen zu diesem Thema, so in
Brüssel 2014 und in Berlin 2015 - unter der Teilnahme von anerkannten Fachleuten, sind diese absolut verfassungswidrigen Praktiken
bis heute nicht eingestellt worden.

Diese Vorgänge sind den politisch Verantwortlichen bekannt, es wurden mehrfach Petitionen eingereicht - weshalb die Feststellung man
habe es hier mit Verbrechen im Staatsdienst zu tun durchaus gerecht-
fertigt ist. In eigener Sache habe ich hierzu mehrere Buchdokumentationen veröffentlicht und einen Fachanwalt bemüht, doch dessen Verfassungsbeschwerde wurde vom Bundesverfassungsgericht nicht angenommen..., woraus man die Brisanz dieses Themas ersehen kann.

In Deutschland ist es also möglich Mitbürger die völlig unschuldig
sind zu Foltern oder auch zu Tode zu bringen, ohne das die zuständigen Staatsorgane diese "Verbrechensskandale", die auch jegliche -
"Menschenrechte" beugen tätig werden oder zur Verantwortung gezogen
werden. Dadurch wird man weiterhin diesen Verbrechern im Amt ausgeliefert.

Peter Kutza, St.-Anton-Str.14, 94209 Regen

Sehr umfangreich mit Darlegungen aus Fachliteraturen und EMV-Testhaus Messnachweisen habe ich in meiner Buchveröffentlichung "Heimliche Überwachung und Strahlenfolter durch Geheimdienste", auf den Seiten 158 bis 220 die illegale Manipulation von Menschen zur Gedanken und Gefühlskontrolle nachgewiesen.

Dennoch möchte ich nochmals an Dr.med. Hans-Christoph Scheiner erinnern der in 'Mobilfunk die verkaufte Gesundheit', bereits wesentliche Fakten hierzu veröffentlichte. Es wird auf S.18 beschrieben wie 72 Personen in mehreren Versuchsreihen eine langfristige Bestrahlung mittels GSM-Funk von 0,9 GHz und 1,8 GHz sowie UMTS-Funk von 2,1 GHz zu absorbieren hatten. Die Feldstärke betrug 1 V/m, was einer Leistungsflussdichte von zirka 265 nW/cm² entspricht - hierbei wurden signifikante Störungen der kognitiven Fähigkeiten festgestellt. Was bei der digitalen Technik noch hinzukommt: niederfrequente Schwingungen lösen im Körper zum Teil lawienen-artige Steuerungsprozesse aus. Es besteht beim GSM-Funk die zusätzliche 8,3 -malige Unterbrechung pro Sekunde, eine "getaktete - niederfrequente oder ELF-Aufmodulation".

Man kann mit einem Messgerät nicht unterscheiden, ob es sich nicht auch um Longitudinalwellen auch Skalarwellen, die sich einem Gummiband ähnlich zwischen dem Aussender und Empfänger herausbilden und ungehindert Materie, also auch den Körper "tunnelt" und ungebremst ihre Zerstörungskraft im Gewebe entlädt.

Dieter Broers forscht als Biophysiker auf dem Gebiet der Frequenz- und Regulationstherapie, hier wird von Wechselbeziehungen zwischen Gravitationsfeldern berichtet. Beardens "Skalarwellenfeld" und Wheelers - Quantenfeldtheorie wirken auf den Fluss der Zeit ein. Skalarwellen - können nach Bearden sowohl Bewusstsein und die Psyche steuern als auch umgekehrt von ihnen beeinflusst werden.

Das Gehirn ist ein Konglomerat aus Schwingungsmustern und Photonen bzw. Quanten unterschiedlichster Energie mit der Tendenz zum plötzlichen Umkippen des Musters, da diese Schwingungsmuster und Energien von wasserhaltigen Gewebe absorbiert werden können. Das den Hirnstamm wie ein Saum umgebende limbische System fungiert mit Zugriff auf alle Steuersysteme. Der Thalamus ist der Schrittmacher der elektrischen Gehirnaktivität. Seine Frequenzen variieren um 7,8 Hz herum.

Eine Beschädigung des Thalamus hat unter anderen Ausfällen eine Verwirrung des Zeitgeschehens zur Folge. Auch hier wird eine Bewusstseinsschädigung durch elektromagnetische Wellen festgestellt.

"Stress durch elektromagnetische Strahlungen und deren Gesundheitsschädigende-Auswirkungen (Blutdruck) wurden von mir vielfach nachgewiesen."

22

Willkommen in der Demokratie

Bitte nehmen Sie sich einen Augenblick Zeit bevor Sie den Flyer beiseite legen. Denken Sie erst über den Inhalt des Flugblattes nach bevor Sie sich entschließen ihn als Spinnerei abzutun.

Sie gehen sicher davon aus dass wir hier in Europa in relativ gesicherten Verhältnissen leben. Wir leben in einer Demokratie mit Grundrechten und Gesetzen, die zu unserer Freiheit beitragen?

Leider verhält es sich etwas anders. In Deutschland und im europäischen Ausland werden Menschen mit Hilfe von **elektromagnetischen Waffen** in ihren Wohnungen und in ihrer täglichen Umgebung gefoltert. Diese Waffen verschießen eine unsichtbare Ladung aus elektromagnetischer Energie. Bekannt sind diese Waffen als **Mikrowellenwaffen** und gehören zur Gruppe der **Directed Energy Weapons**. Die Ladung dieser Waffen dringt durch Hauswände und Beton, die Waffen selbst können in Gebäuden und Fahrzeugen versteckt werden.

Namhafte deutsche Waffenfirmen wie Rheinmetall und Diehl arbeiten an der Entwicklung dieser Waffen. Interessierte Kunden sind vor allem Militär und Geheimdienste. Die Wirkungen der Waffen sind je nach Wellenform und Modulation der verschossenen Ladung sehr unterschiedlich, es können Schmerzen, Druck, Juckreiz, Brechreiz, Sehstörungen und Störungen des Kurzzeitgedächtnisses auftreten. Obwohl in der Öffentlichkeit kaum etwas über diese Waffen bekannt ist, wird bereits seit fast 50 Jahren an dieser Waffengattung geforscht. Diese Technik wird immer effektiver.

Allein in Deutschland sind hunderte von BürgerInnen betroffen, auch international gibt es viele Betroffene dieser heimtückischen Folter. Informieren Sie sich und mischen Sie sich ein für eine Zukunft ohne Unterdrückung und Folter.

Mischen Sie mit für eine wirkliche Demokratie!

www.e-waffen.de
www.e-waffen.de.vu

V.i.S.d.P.
Harald Brems
Im Rohmen 46
78259 Mühlhausen

Verdeckte faschistische Machenschaften in der heutigen Gesellschaft

Verbrechen durch totalitäres Netzwerk im Staat:

- Terrorisierung mit elektromagnetischen Distanzwaffen (Mikrowellenwaffen (Mikrowellenwaffen, Stoßwellen, Laser als auch akustischen Waffen (Ultra-, Infraschall)
- Kommunikationsmittel (Überwachung- und Abhören, - Manipulation,- (Zer- Störung, Computer und Telefonsabotage, Mailfälschung, Post- und Briefzensur))
- Hausfriedensbruch, (Kleidungsschädigung, Lebensmittelvergiftung, Geschirrschädigung, Schädigung von Elektrogeräten und Möbeln
- Illegale Implantation von Mikrochips mittels Injektion/ Operation, durch behandelte Ärzte und oder Geheimdienst, sowie Gefügigmachen on Einzelpersonen (z.B. durch Geheimdienste und posthypnotische Suggestion)
- Rufmord (Desinformation, Verleumdung, Lügen, Gerüchte, Bildmanipulation, Doppelgänger)
- Psychiatrisierung (durch Polizei und Sozialdienste), Entmündigung, Vergiftung, Folter und Mord in der Psychiatrie, Versuche mit Psychopharmaka und mit Giftstoffen an gesunden Bürgern und Kindern, Zwangsbetreuung (Diebstahl des Vermögens der Bürger)
- Ruinierung der Familien und Zerstörung der Ehen; Abzockerei durch Justiz, Kriminelle und Polizei
- Verblödung der Bevölkerung, (Gehirnwäsche und Psychoprogrammierung, Amoklauf (Mandschurischer Kandidat, programmierte Täter und Mörder)
- Heimliche Menschenversuche, Hirnforschung (unfreiwillige Probanden), Stimmenhören, Mindcontrol - Opfer
- Gesundheitsskandal (Krankheiten, die absichtlich hervorgerufen werden, deren Ursachen aber üblichen, weit verbreiteten Krankheitsbildern zugeschrieben werden)
- Verschwendung von Steuern und von Krankenkassenaufwendungen
- Reduzierung der Bevölkerung (durch Autounfälle, Vergiftung der Bürger in Krankenhäusern und Psychiatrien, Folter und absichtliche Morde an unschuldigen Bürgern und Kindern)

Im Internet abrufbar:

www.psychophysischer-terror.com, www.strahlenfolter.oyla.de, www.psychophysical-torture.de.tl, www.volkstribune.de.tl, www.strahlenopfer.oyla.de.tl, (Verein gegen den Missbrauch psychophysischer Waffen e.V.)
www.mikrowellenterror.de, www.mindcontrol.twoday.net, www.totalitär.de, http://stoptmindcontrol.lima-city.de, (Bewusstseins- und Gedankenkontrolle)
www.iicaact.org, (Int. Center against Abuse of Covert Technologies)
www.wimeo.com, (Videos von Betroffenen aus BRD)

Literatur:

∧ ∧ Heiner Gehring, „Versklavte Gehirne", ISBN 3-930219 – 83 – 2;
∧ Felicitas Klara Hope „Strahlenfolter", Terror mit elektromagnetischen Waffen. Erfahrungsbericht einer Betroffenen, ∥ ISBN-13: 9783839154885, ∥ ISBN-10: 383915488X;
∧ Grazyna Fosar und Franz Bludorf, „Der Geist hat keine Firewall", Neues Bewusstsein trifft Mind Control, ISBN-13: 978-3778782170;
∧ ∧ Peter Kutra, „Strahlenschädigung", Dokumentarbuch, Band I – III, ISBN-13: 978-3844845358;
Jim Keith, „Bewusstseinskontrolle", ISBN-13: 978-3895392900;

"Trotz scharfer Proteste von Wissenschaftlern, Umweltverbänden und Parteien hat die heutige Bundeskanzkerin Angela Merkel, als Bundesumweltministerin den heutigen absurd hohen Grenzwert der so genannten Elektrosmogverordnung vorgeschlagen, der seit dem 1.Januar 1997 rechtskräftig ist."

Meine sämtlichen auf Grund dieser zu hohen Grenzwertregelung entstandenen Gesundheitsschädigungen, vorallem Blutdruckentgleisungen bei entsprechender elektromagnetischer Feldstärke V/m, wie auch alle sonstigen von mir nachgewiesenen und in den Fachliteraturen beschriebenen Gesundheitsschädigungen, wie z.B. "Chromosomenbrüche" sind von mir nachgewiesen und entsprechen dem Gesamtschadensbild-Strahlenschäden.

Die Fachanwaltschreiben an das Bundesgesundheitsministerium und die Bundesregierung - diese Strahlungen sofort gegen mich einzustellen - blieben trotz sämtlicher bisheriger juristischer Bemühungen über die Verwaltungsgerichte und nicht angenommener Verfassungsbeschwerde ohne Erfolg.

Die verantwortlichen Politiker wollen sich mit dem Thema des "Terrorismus durch elektromagnetische Wellen", in das sie durch Ihr Fehlverhalten selbst involviert sind einfach nicht beschäftigen und begehen somit schwere Amtspflichtverletzung (Weisungsgebundenheit der Behörden gegenüber Ministerien).

Obwohl ich bereits mehrere Buchdokumentationen bezüglich "Strahlenschädigung" veröffentlicht habe, ist eine Vertuschung des bisher nachgewiesenen feststellbar. Dies "Verhalten der Regierungsorgane beinhaltet deshalb Verfassungsbruch", da durch in Deutschland tätige Einrichtungen und Personen der "Straftatbestand des Terrors und der Körperverletzung erfüllt wird".

Da ich durch diese jahrelange Verbrecherische-Folter durch "Terroisten" bereits einen Herzinfarkt bekam und auch sonst chronische Stressfolgen wie Schlafstörungen, Benommenheit und weiteres mehr auszuhalten habe, ist eine beabsichtigte Todesfolge anzunehmen.

Aus diesem Grund sind die Elektro-Waffen und auch die Mobilfunk-Pulsmodulation zum Höreffekt (dB) zur Kommunikation - zu verbieten.

Peter Kutza - 2018

Die BRD begeht seit Jahren schwere „ Verbrechen und Grundrechtverletzung durch Missbrauch psychophysischer Waffen".

Es werden Menschen gefoltert und durch die Justiz nicht ermittelt, was bei vielhundertfacher Opferbestätigung einen Justizskandal ohne gleichen darstellt.

Hier wird der verfassungsgebundene Rechtsstaat ad absurdum geführt!

Gefährdung des demokratischen Rechtsstaats

Der Abschied vom Legalitäts-prinzip lässt die Verfassungswidrigkeit der Vorgänge klar erkennen. Der wichtigste Artikel des Grundgesetzes, „Die Würde des Menschen ist unantastbar", findet hier glatten Widerspruch, was als schwerster Verstoß gegen die unveräußerlichen Menschenrechte anzusehen ist.

Die europäische Konvention ist integrierter Bestandteil des Deutschen Grundgesetzes, die Politik ächtet Folter nach außen hin und befürwortet diese nach innen, unter Geheimhaltung, Leugnung, Vertuschen, welch ein verächtlicher Zynismus von Politikern!! Die Methoden mit welchen der System-und Staatsschutz vorgeht sind kriminell: Weiße Folter, provozierte Unfälle, Stalking und Mobbing, Computerspionage, Hirnscannung, Manipulation des gesamten Umfeldes, Psychiatrisierung, Internetterror, Telefonabhören, etc.. Das Opfer soll in den Wahn getrieben werden, zu Straf-taten provoziert werden, in den Selbstmord getrieben werden, bei provozierten Unfällen ums Leben kommen oder selbst ermordet werden! Verfolgten ist es unmöglich sich dagegen zu wehren, weil alle Anstrengungen und Maßnahmen manipuliert, intrigiert und unterbunden werden. Behörden, Gerichte, Anwälte, Ärzte verweigern die Unterstützung und werden unter System-und Staats-schutz zu Gehilfen und selbst zu Mördern. Dieses kriminelle Treiben von Staat, wird von den Medien mitgetragen und totgeschwiegen!!

Gemeinschaftspraxis
Dr. Waltraud Höllein
Dr. Peter Höllein

Allgemeinmedizin
Sportmedizin
Akupunktur
Schmerztherapie

Dres.med. W. u. P. Höllein • Am Sand 9 • 94209 Regen

Ärztliches Attest

Regen, 26. Januar 2018

Für: Hans-Peter Kutza, geb. 14.10.1944, wohnhaft 94209 Regen, St.Antonstr. 14.

Unfallhergang:

Am 19.01.2018 um ca. 11.00 Uhr wurde Herrn Kutza am Stadtplatz Regen an der Einmündung der Bodenmaiserstraße die Vorfahrt genommen. Beim Abbremsen und Ausweichen stürzte der Patient mit seinem Motorrad.
Es bestand keine Bewusstlosigkeit. Er wurde mit dem Sanka in die chirurgische Ambulanz nach Zwiesel gebracht.

Befund:

Am 23.01.2018 stellte sich Herr Kutza in unserer Praxis vor.

Es zeigte sich ein ausgeprägtes Monokelhämatom links. Die Skleren blutunterlaufen am linken Auge. Schwellung mit Hämatom an der linken Wange bis zum Hals links ausgedehnt. Schürfwunden an der Nase und Jochbein links.

Diagnose:

Nasenbeinfraktur
Orbita- und Jochbeinprellung
Monokelhämatom links
Schürfwunden linke Gesichtshälfte

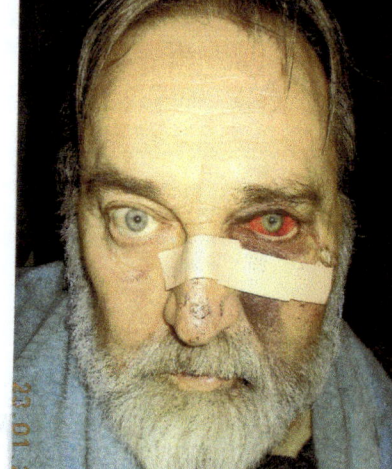

Gemeinschaftspraxis
Dr. med. Peter Höllein
Allgemeinarzt
Dr. med. Waltraud Höllein
prakt. Ärztin
Am Sand 9 - Tel. 09921 / 33 11
9 4 2 0 9   R e g e n
09/91 6:...

Dr.med. Peter Höllein

26

Peter Kutza   94209 Regen, 18.3.2018
                                     St.-Anton-Str. 14
                                     Tel. 09921/4904

Staatsanwaltschaft Deggendorf

Amanstrasse 19
94455 Deggendorf

Betr.: Aktenz. 7UJs 632/18

Sehr geehrte Staatsanwaltschaft,
in bezug auf mein Schreiben vom 15.02.2018, Körperverletzung durch
elektromagnetische Wellen, ergänze ich diese Nachweise durch einige
Aufnahmen von Rissen im Gemäuer meines Hauses, wobei ich viele bereits ausgebessert habe.
Die von mir in Messungen (dB) nachgewiesenen Einstrahlungen, die -
sehr spontan hoch nach oben gehen können, verursachen nicht nur Gesundheitsschäden - sondern auch Sachbeschädigung und Vegetationssch-
äden in meinem Garten. Aus diesem Grund ließ ich mir bereits 2008
eine Außenblechwand anbringen, um wenigstens etwas zu dämpfen.
Die Auswirkungen von Radiofrequenzfeldern (Mikrowellen) sind seit
langen Jahren von den USA nachgewiesen worden (Electromagnetic Fields
1971) und in meiner Buchdokumentation IV veröffentlicht.

Wenn elektromagnetische Strahlungen derartiger Intensität - wie in
meinem Fall nachgewiesen - Verbrennungen, Sachbeschädigungen und Ve-
getatiosschäden verursachen, ist es Pflicht der Justizbehörden dies
zu beenden.
Geben Sie mir deshalb bitte in dieser Angelegenheit baldigen Bescheid.

Mit freundlichen Grüssen

Anlagen

27

Peter Kutza

Rechtsanwalt

Reiner Frensemeyer

Otto-Hahn-Str. 18
44869 Bochum

Kutza - Bundesgesundheitsministerium

Sehr geehrter Herr Rechtsanwalt Frensemeyer,

da ich bisher von Ihnen nichts mehr gehört habe muß ich annehmen, dass
Ihre Schreiben an das Bundesgesundheitsministerium und an die Regierung
unbeachtet geblieben sind.

Obwohl sich ständig wiederholende je nach der Einstrahlungsstärke von
elektromagnetischen Wellen (V/m) Blutdruckentgleisungen einstellen.
Ebenso wird bereits vom Bezirksklinikum Regensburg attestierter "Stress"
messbar in Dezibel (dB), dessen Messanzeige-Fotos Ihnen vorliegen -
weiterhin unablässig bei Tag und auch Nachts erzeugt.
Ettliche Hämatome und auch Verbrennungen an den Beinen die bis heute
anhalten, da bereits die Lederhaut geschädigt ist belegen die gegen -
meine Person stattfindende "Strahlenfolter".

Diese unentwegt stattfindende Besendung verschiedener Strahlenintensitäten erzeugt beabsichtigtes Siechtum einschließlich der Folgeschäden
mit Todesfolge.

Dies bedeutet, dass der Rechtsanspruch auf körperliche Unversehrtheit
GG Art.2/2 mit Füssen getreten wird um eine vorsätzliche Gesundheitsschädigung zu begehen.

Trotz der Rechtsanwaltschaftlichen-Aufforderung nach sofortiger Beendigung dieser "Körperverletzung", ist Untätigkeit zu verzeichnen, weshalb strafbare Körperverletzung im Amt einzuklagen wäre.
(Auch bei der Staatsanwaltschaft Deggendorf ist unter Aktenz. UJs 632/18
diese Angelegenheit auf Grund neuerer Nachweise anhängig).

Mit freundlichen Grüssen

Peter Kutza 94209 Regen, 15.02.2018
St.-Anton-Str. 14
Tel. 09921/4904

Staatsanwaltschaft Deggendorf

Amanstrasse 19
94455 Deggendorf

Sehr geehrte Staatsanwaltschaft,
Meine mit Datum vom 26.1.2018 der Polizeiinspektiom Regen übergeben-
en Beweisunterlagen (Fotos von Messungen u.a.), zu den mir unentwegt
zugefügten Gesundheitsschädigungen durch elektromagnetische Wellen -
wurden an Sie weitergeleitet.
Das Schreiben meines Rechtsanwalts Reiner Frensemeyer an das Bundesgesundheitsministerium, einschließlich meiner Korrespondenz legte ich
bei - wie auch das Schreiben des BMUB vom 19.12.2017.

Hierzu übersende ich Ihnen nun ergänzend das Schreiben meines Rechtsanwalts vom 5.2.2018 an die Bundesregierung und meine neuesten Fotos
der Messnachweise durch gepulste elektromagnetische Wellen, bezüglich
des Blutdrucks - wie auch weitere Schallpegel-Messungen bis 192 dB,
bei relativ geringer Feldstärke V/m.
Diese Beweise der illegalen Besendung mit pulsmoduliertem "Höreffekt",
den ich Tag und Nacht zuertragen habe - führt zu dem mir im Bezirksklinikum Regensburg attestierten "Stress", als Dauerbelastung.
Da auch weitere Gesundheitsschädigungen als die bisher schon nachgewiesenen nicht auszuschließen sind, bitte ich Sie dringlichst um ihre
Sachstandsmitteilung.

Mit freundlichen Grüssen

Anlagen
Zu Aktz.: By 2307-000462-18/0

Peter Kutza   94209 Regen, 7.2.2018
                                     St.-Anton-Str. 14
                                     Tel. 09921/4904

Rechtsanwalt

Reiner Frensemeyer

Otto-Hahn-Str, 18
44869 Bochum

Kutza - Strahlenschäden

Sehr geehrter Herr Rechtsanwalt Frensemeyer,
Ihr Schreiben an die Bundesregierung vom 5.2.2018 habe ich erhalten
und bin selbstverständlich damit einverstanden.
Andere Ursachen als die Gesundheitsschädigung durch elektromagnetische Strahlungen sind durch beweisende Vergleichsmessungen von Blutdruck und gleichzeitig einwirkender elektrischer Feldstärke V/m auszuschließen.

Was die Verursacher anbetrifft, lässt sich außer auch im Testhaus in
Straubing festgestellten Mobilfunk-Pulsmodulation, meinerseits nicht
feststellen welche weiteren Personen oder Unternehmen E-Waffen benutz-
en - da ja bisher auch polizeilich nicht ermittelt wurde.

Tatsache ist, dass auf dem Territorium der BRD bewiesene Gesundheitsschädigungen durch elektromagnetische Strahlungen verschiedener Intensitäten stattfinden. Weshalb ich auch nochmals Anzeige bei der Polizeiinspektion Regen Aktenz.: By 2307-000462-18/0 erstattete und mein neues Buch "Verbrechen Strahlenfolter", wie auch Ihnen bereits vorliegende Fotos von Schallpegel-Messungen in meinem Ohr übergab.

Mit freundlichen Grüssen

                          Peter Kutza

30

Abschrift

Reiner Frensemeyer
Rechtsanwalt

Rechtsanwalt Frensemeyer Otto-Hahn Str.18 44869 Bochum

Reiner Frensemeyer
Otto-Hahn-Str.18
44869 Bochum

Bundesregierung
Dorotheenstr.84
10117 Berlin

Telefon:
0160/8065925

Deutsche Bank
Gelsenkirchen
BLZ 42070062
Konto 1155522

Bitte stets angeben:
Kutza
Bundesgesundheitsministerium
Datum: 5.2.2018

Sehr geehrte Damen und Herren,
mein Mandant Herr Kutza hat mich damit beauftragt, seine rechtlichen Interessen
wahrzunehmen. Ich versichere anwaltschaftlich die Vertretungsmacht. Die Vollmacht
liegt beim Bundesgesundheitsministerium. Ich hatte dieses bereits angeschrieben. Es
teilte mit, dass es angeblich nicht zuständig. Ich fordere die Regierung auf, sofort
mein Schreiben inhaltlich zu beantworten und sich nicht auf Formalitäten zu berufen.
Mein Schreiben lautete:
„Mein Mandant ist Opfer von elektromagnetischen Strahlen. Er ist seit Jahren schwer
krank. Die Strahlen werden in Deutschland durch verschiedene Einrichtungen
erzeugt. Die Strahlen verfolgen ihn und verletzen ihn in seiner Gesundheit.

Der Physiker Bludorf hat die Gefährlichkeit dargelegt. Verantwortlich sind
Mobilfunktechnologien und militärische Einsätze. Bludorf und der weitere Experte
Fosar haben bewiesen, dass z.B. elektromagnetischen Waffen über ELF-Wellen(0-
300 Hz) und Mikrowellen (300 MHz-300 Ghz) in Feldversuchen gegen unschuldige
und unwissende Bürger benutzt werden. Im Bereich der elektronischen Waffen sind
mehrere Patente erteilt worden.
Beweis: Psychophysischer-terror.com

Die persönliche Betroffenheit ergibt sich aus den Fotos und den Attesten, die dem
Bundesgesundheitsministerium schon vorliegen. Die Belastungen muss mein
Mandant jahrelang ertragen. Sie wirken wie Folterinstrumente. Die näheren
Einzelheiten ergeben sich aus den Anlagen. Herr Kutza hat für die Verletzungen,
deren Ursachen und die Täter/Beteiligte dem Ministerium bereits viele Beweismittel

vorgelegt, die Sie außer Acht lassen. Sie können daher nicht behaupten, dass die Gesundheitsschäden und die Verantwortlichkeiten nicht bewiesen sind.

Als Bundesgesundheitsministerium sind sie verfassungsrechtlich für das gesundheitliche Wohlbefinden aller Deutschen im gesamten deutschen Staat verantwortlich. Sie können nicht auf Landes- oder Bundesbehörden verweisen. Falls Sie der Meinung sind, dass andere Regierungsteile oder Ämter für die Strahlen zuständig sind, müssen Sie sie einschalten und nicht mein Mandant. Es handelt sich um interne Verwaltungsaufteilungen, mit denen Sie meinen Klienten Kutza nicht behelligen dürfen." (Die Anlagen liegen bereits vor)

Ich fordere die Bundesregierung auf, die gefährlichen Strahlen sofort zu unterbinden. In diesem Zusammenhang weise ich das Bundesgesundheitsministerium nochmals auf seine Zuständigkeit bezüglich der Gesundheit der gesamten deutschen Bevölkerung hin. Es kann daher nicht wie leider geschehen ausweichen. Ich habe auch die für meinen Mandanten beschriebenen unerheblichen internen Geschäftsverteilungen dargestellt. Da Ministerium muss weiterleiten und nicht mein Mandant.

Aus gegebenen Anlass weise ich die Regierung darauf hin, dass mein Mandant bereit ist, dass die Regierung dieses Schreiben zur Beantwortung an verschiedene staatliche Stellen weiterleitet.

Elektromagnetische Wellen und induzierte Wahrnehmung

Grazyna Fosar und Franz Bludorf

Der Einfluß elektromagnetischer Wellen auf den Menschen kann auf mehreren Ebenen stattfinden. Die wichtigsten sind:

a) Das Gehirn
b) Die DNA in jeder Körperzelle
c) Innere Organe mit ihren eigenen elektromagnetischen Feldern

In der Wissenschaft ist das elektromagnetische Spektrum der Gehirnfrequenzen seit langem bekannt, ebenso die Tatsache, daß das Gehirn auf entsprechende äußere Frequenzen reagiert.

Bereits heute sind zahlreiche Gehirnareale wissenschaftlich identifiziert, die bestimmten Bewußtseinszuständen und Wahrnehmungen zugeordnet werden können. Spätestens in ca. 5 Jahren wird die Topographie des menschlichen Großhirns vollständig entschlüsselt sein.

Nach neuesten Erkenntnissen der Genetik ist das DNA-Molekül neben seiner biochemischen Funktion für die Vererbung auch eine biophysikalische Antenne, deren Eigenfrequenz mit etwa 150 MHz knapp unterhalb des Mikrowellenbereichs liegt. Die DNA ist damit auch für Oberschwingungen empfänglich, die bis in den technisch genutzten Mikrowellenbereich (Mobilfunk etc.) reichen.

Aus dem breiten Spektrum elektromagnetischer Wellen sind für die menschliche Wahrnehmung vor allem folgende Bereiche von Bedeutung:

a) ELF-Wellen (0 – 300 Hz)
b) Mikrowellen (300 MHz – 300 GHz)

Die thermischen Wirkungen solcher Wellen (Grenzwerte) sind im Kontext künstlich induzierter Wahrnehmungen irrelevant. Entscheidend ist vielmehr die Möglichkeit, durch Modulation oder digitale Pulsung Informationen auf diese Weise direkt in die Körperzellen resp. ins Gehirn zu übertragen.

Experimente zur Beeinflussung menschlicher Wahrnehmung durch modulierte elektromagnetische Frequenzen wurden seit den fünfziger Jahren in unterschiedlichen Ländern durchgeführt (u. a. USA bzw. Rußland/Sowjetunion). Daß diese Experimente stattgefunden haben, ist durch offizielle Dokumente beweisbar, die Existenz der zugehörigen Technologien ist durch öffentlich zugängliche Patentschriften belegbar.

Diese Experimente wurden – ebenfalls durch Dokumente belegbar – nicht nur im Labor, sondern auch im Feldversuch an unwissenden und unschuldigen Bürgern durchgeführt.

Insofern muß ein Beweis nicht mehr erbracht werden, daß die Beeinflussung von Menschen durch elektromagnetische Frequenzen möglich ist und auch geschieht.

Es gibt keine beweiskräftigen Indizien, daß die Anwendung derartiger Technologien jemals eingestellt wurde. Im Gegenteil – die Entwicklung der modernen Elektronik- und Informationstechnologie hat diesen Anwendungen neue Türen geöffnet.

Die gezielte Beeinflussung einer Person durch elektromagnetische Frequenzen kann durch wissenschaftsübliche Meßverfahren nachgewiesen werden. Die Durchführung einer solchen

Analyse bedarf allerdings großer Erfahrung sowohl in der Physik als auch im medizinischen Bereich. Es gilt, aus dem reichhaltigen elektromagnetischen Frequenzspektrum, dem jeder Mensch heutzutage täglich ausgesetzt ist, mögliche Frequenzen herauszufiltern, die nachweisbar und reproduzierbar gegen eine bestimmte Person (und nur gegen diese) gerichtet sind. Dies ist in mehreren Fällen bereits gelungen.

Da für eine ganze Reihe von Frequenzen die psychoaktiven bzw. psychosomatischen Wirkungen auf den Menschen bereits bekannt sind, ist auch hier abzugleichen, inwieweit die gefundenen Frequenzsignale für die subjektiv geschilderten Symptome verantwortlich sein können.

Beispiele für psychoaktiv wirkende Frequenzen bzw. Frequenzbereiche:

70-80 Hz: Gefühl der Benommenheit bzw. Desorientiertheit

13-15 kHz: „Synthetische Gefühle" (nachweisbar durch US-Patentschrift!)

300-3000 MHz: Wahrnehmung von Knister-, Knack- oder Brummgeräuschen (können auch von Gehörlosen wahrgenommen werden).

Beispiele für psychosomatisch wirkende Frequenzen bzw. Frequenzbereiche:

300 Hz (als Pulsrate für Mikrowellen): Schlafstörungen, Atembeklemmungen

35 Hz: Schlafstörungen, Schmerzzustände

500 Hz: Freisetzung von Stresshormonen (Noradrenalin)

Es finden regelmäßig wissenschaftliche Fachtagungen statt, auf denen biologische Wirkungen elektromagnetischer Frequenzen (und mögliche medizinische Anwendungen) vorgestellt, diskutiert bzw. nachgewiesen werden (z. B. an der Universität Magdeburg 2004).

Das Europäische Parlament beschloß bereits 1999 mit großer Mehrheit aller Parteien eine Resolution, in der es u. a. heißt: „Das Europäische Parlament ... fordert vor allem ein internationales Übereinkommen über ein generelles Verbot von Forschungs- und Entwicklungsprojekten – ob militärisch oder zivil –, die die Anwendung der Erkenntnisse auf dem Gebiet chemischer und elektrischer Vorgänge ... oder anderen Funktionen des menschlichen Gehirns ... beinhalten, die jeder beliebigen Form der Manipulation des Menschen Tür und Tor öffnen könnten."

Berlin 2009

Grazyna Fosar   Franz Bludorf
(Astrophysikerin, Physikerin, Autorin,   (Mathematiker, Physiker, Autor,
Wissenschaftsjournalistin)   Wissenschaftsjournalist

Bereits die Wissenschaftsautoren Fosar und Bludorf wiesen in ihren Veröffentlichungen darauf hin, dass unsere Welt zunehmend eine Scheinwelt geworden ist. Das etwas nicht stimmt - daran kann kein Zweifel bestehen. Nicht nur die seit langem bekannten Projekte wie MK-Ultra, sondern auch zahlreiche Nachfolge-Programme über die Erfassung und Auswirkung von Radiowellen zur Unterbrechung von Verhalten sind bekannt geworden. Sämtliche Anwendungsmethoden elektrischer Wellen wurden inzwischen auch für den militärisch industriellen Komplex erprobt.

Das Zusammenspiel von Frequenzen und Modulation ist viel weiter fortgeschritten um die Bevölkerung zu konditionieren, Einschüchterung und Überwachung - als selbst Fachleute dies für möglich halten.

Das Satellitenerfassungssystem-Zelldar ermöglicht es die jeweiligen Personen über GPS-Positionierung weiterem "Tracking" interferierender Strahlungen auszusetzen. Es kann auch auf die Zielperson regelrecht geschossen werden - Fakt ist jedenfalls das diese Mikrowellenverbrechen seit langen Jahren vom Staat geduldet werden.

Meine gesamten als Buchdokumentation veröffentlichen Nachweise von "Strahlenschäden" bestätigen, dass seit langen Jahren dem Staatsapparat diese schwerkriminellen Methoden zur Folter und Manipulation von immer mehr Teilen der Bevölkerung zur Verfügung stehen.

Wie bereits vom ehemaligen britischen Physiker und Geheimdienst-Spezialist der Royal Navy beurteilt wurde - ist eine umfassende Persönlichkeitsveränderung hierdurch möglich geworden.

Die Stimmulation des Gehirns und auch des gesamten Körpers, wie morphogenetische Veränderung, lassen ungeahnte verbrecherische Möglichkeiten durch diese modernsten Technologieanwendungen entstehen.

Mit Wellengenetik lassen sich DNA-Moleküle in ein schwingungsfähiges System verwandeln, Hyperkommunikation - Biophysiker Fritz-Albert Popp.

Zahlreiche Fachliteraturen beschäftigen sich mit diesem Thema der Beeinflussung des Menschen durch elektromagnetische Wellen. So z.B. beschreibt Prof.Dr.-Ing. Konstantin Meyl die Zellkommunikation über - magnetische Skalarwellen - umfangreich die Zusammenhänge aus wissenschaftlicher Sicht bis zur genetischen Veränderung in DNA und Zellfunk.

Das hierzu auch noch zusätzlich der Missbrauch von elektromagnetischen Waffen stattfindet - bezeugen die stattfindenden internationalen Konferenzen zu diesem Thema, weshalb diesen Verbrechen entschlossen ein Ende bereitet werden muss um die Menschenrechte aufrecht zu erhalten.

Peter Kutza

94209 Regen, 26.01.2018
St.-Anton-Str. 14
Tel. 09921/4904

An

Polizeiinspektion Regen

Sehr geehrte Polizeiinspektion,
anbei übergebe ich Ihnen meine Buchdokumentation "Verbrechen Strahlenfolter", aus der Sie die Beweisführung meiner Gesundheitschäden –
durch die vorsätzliche Bestrahlung mit elektromagnetischen Wellen
ersehen. Auch der Rechtsweg meines Fachanwalts über die Verwaltungsgerichte – bis zur Verfassungsbeschwerde, die jedoch nicht angenommen wurde, ist darin nachzulesen.

Mit Schreiben vom 19.12.2017 teilte mir das Bundesministerium für
Umwelt, Naturschutz, Bau und Reaktorsicherheit mit, dass nach der
Aufgabenverteilung diese Angelegenheit den Bundesländern und Gemein-
den obliegt.

Dennoch hatte ich schon vorher aufgrund meiner umfangreichen Schädi-
gungsnachweise meinen Rechtsanwalt bevollmächtigt weitere Schritte
zivilrechtlich durchzuführen.

Diese gesamte Korrespondenz liegt diesem Schreiben bei (nach Datum)
um Ihnen den Sachverhalt für Ermittlungen Ihrerseits zur Kenntnis
zu bringen. "Desweiteren ersehen Sie aus den div. Messaufnahmen und
dem ärztlichen Attest – die körperverletzende illegale Strahlenbelast-
ung die auch auf DVD festgehalten ist und dem Bundesministerium für
Geßundheit einschließlich weiterer Nachweise bereits vorliegt".

Deshalb bitte ich Sie sich mit dieser Behörde für Ihre Strafermittlungen wegen langjähriger Körperverletzung durch elektromagnetische
Strahlungen in Verbindung zu setzen.

Mit freundlichen Grüssen

Peter Kutza

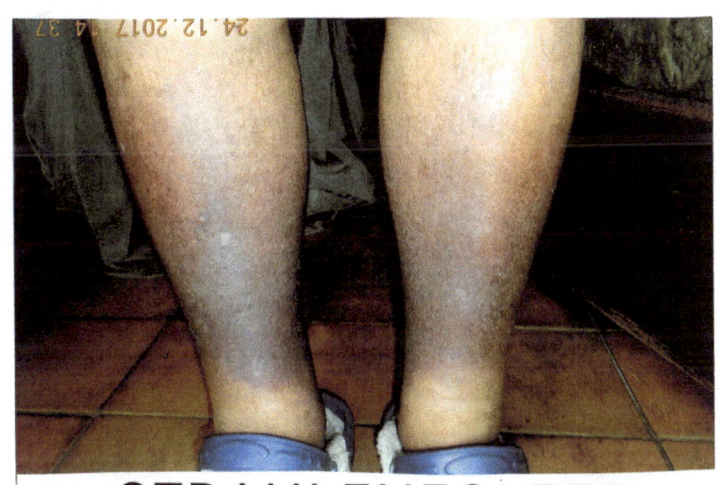

STRAHLENFOLTER

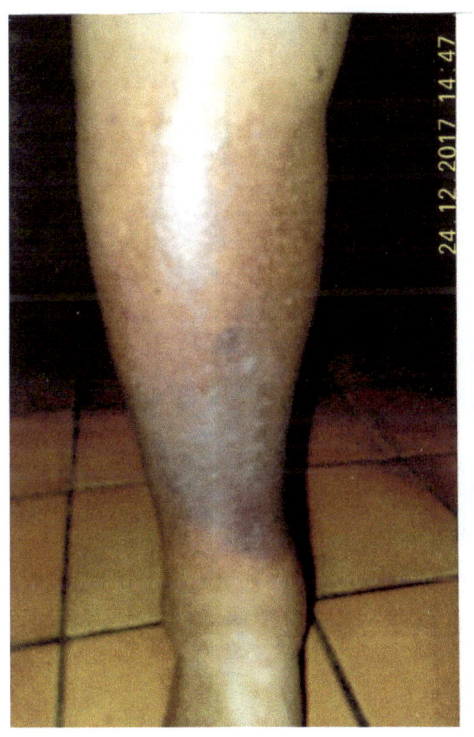

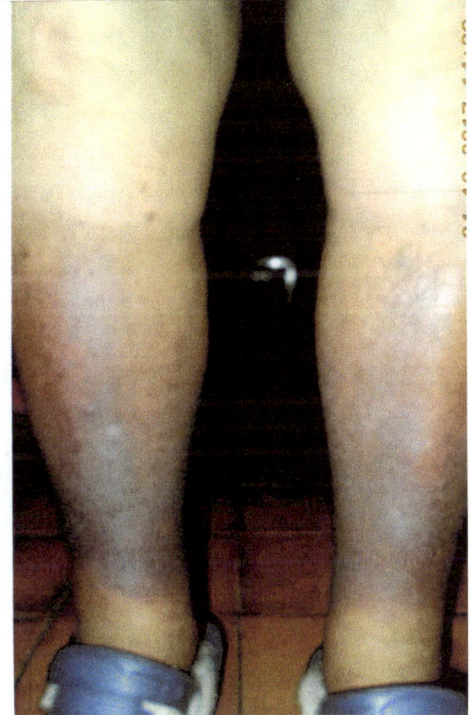

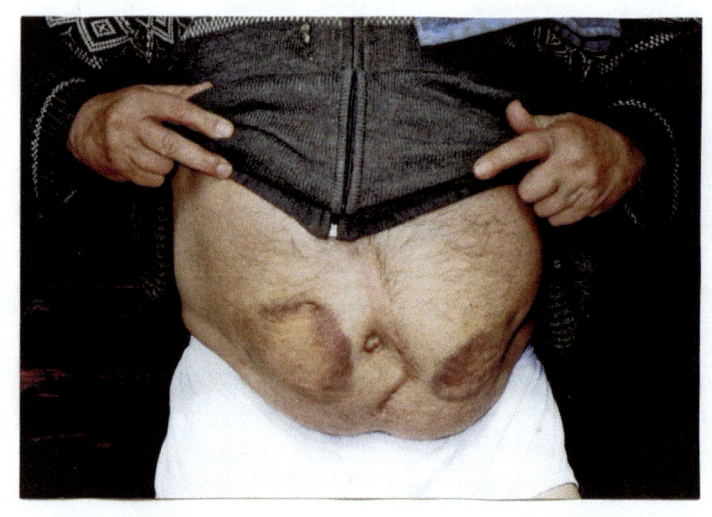

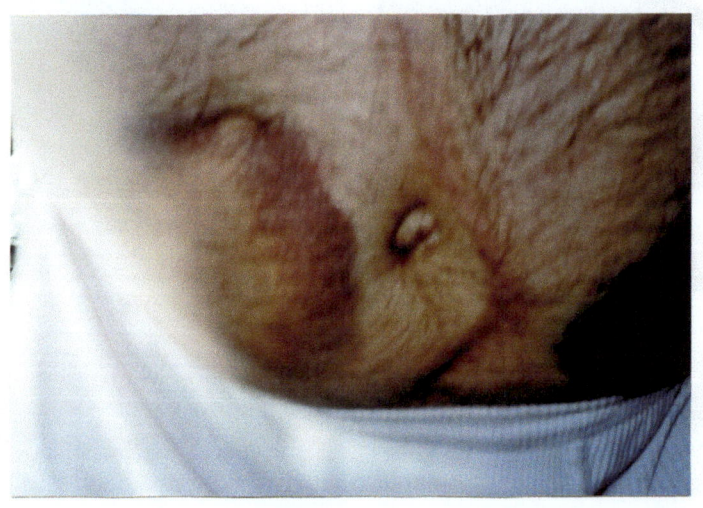

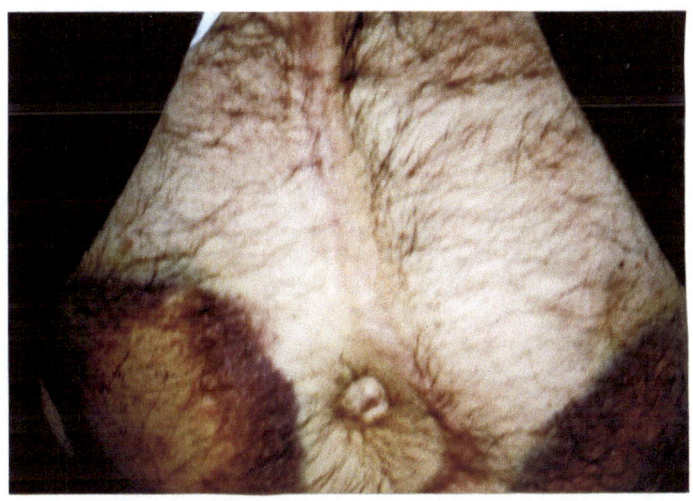

VERBRECHEN

In Deutschland kennen manche Sicherheitsorgane Mikrowellen-Waffen und -Verbrechen (angeblich) nicht, obgleich diese Waffen in diesem Land nachweisbar bereits entwickelt und verkauft werden. Sie halten Opfer solcher Waffen sowie Wissenschaftler, die darüber berichten, trotz aller Fakten und Beweise, für Spinner oder Geisteskranke. Es dürfte jenen Behörden jedoch etwas schwerer fallen, die zitierten international anerkannten Experten und Redakteure angesehener Zeitschriften ebenfalls für verrückt zu erklären.

Es gibt verschiedene Varianten von Mikrowellen-Waffen, alle beruhen auf den physikalischen Eigenschaften und Wirkmechanismen von Mikrowellen (MW). Es wird energiereiche elektromagnetische Strahlung auf ein Ziel gerichtet, um dieses zu schädigen oder zu zerstören. Wenn man von Hochleistungsmikrowellen-Waffen redet, dann spricht man nicht über eine einzige Waffenform, wie einen Tarnkappenbomber, sondern über ein physikalisches Prinzip und eine Wirkung, die über viele verschiedene Wege erzeugt werden kann. Die Basis-Technik wird schon seit Jahrzehnten – allerdings streng geheim – weiterentwickelt. Die entscheidenden technischen Probleme waren, die Waffen kleiner und leicht transportabel zu machen.

Jetzt wird nicht mehr streng geheimgehalten, daß es diese Waffen gibt, man will sie ja schließlich verkaufen; vielmehr wird der Öffentlichkeit verheimlicht, was man damit – besonders in den gegen Menschen gerichteten Formen – alles tun kann. Noch vor dem

The Village Voice, die angesehene New Yorker Zeitschrift, brachte 2002 einen kritischen Artikel über eine Mikrowellen-Strahlenwaffe (the microwaver), in dem das amerikanische Verteidigungsministerium mit der Aussage zitiert wird, die Mikrowellen-Waffe sei der größte Durchbruch in der Waffentechnologie seit der Atombombe. Flugzeug-Absturzursachen durch Einwirkung von Mikrowellen-Waffen und deren Auswirkungen auf Menschen. (High Power Microwaves = HPM weapons / Radio Frequency = RF weapons) zählen neben Lasern zu den wichtigsten und am weitesten entwickelten Directed Energy Weapons (DEW, Waffen mit gerichteter Energie). Sie können gegen Elektronik (anti-electronics weapons) oder gegen Menschen gerichtet werden (anti-personal weapons) und diese schwer schädigen.

Irak-Krieg schrieb die „Neue Presse Hannover" am 23.7.2002: Rüstungskonzerne wollen endlich neue Waffen testen! Es ist eine goldene Möglichkeit,

Diese fotographierten Körperverletzungen durch personengerichtete – Bestrahlungen (Verbrennungen) und offene Fleischwunden durch Elektro-Waffeneinwirkung, finden auch außerhalb meines Wohnbereichs statt.

Wie Sie aus den Ihnen zugesandten DVD's ersehen ist diese vorsätz-liche Bestrahlung mit elektromagnetischen Wellen und Waffen zur be-absichtigten Gesundheitsschädigung heute überall möglich geworden.

Aus diesem Grund bitte ich um dringlichstes Einschreiten des Bundes-ministerium für Gesundheit und Ihre baldige Beantwortung.

Peter Uentze

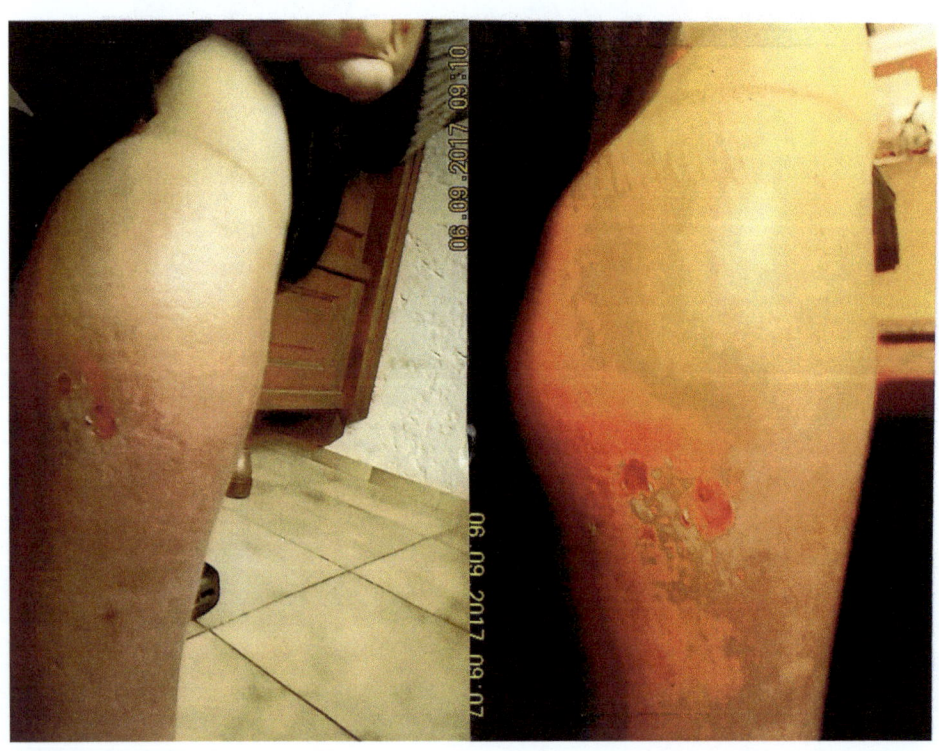

40

Peter Kutza   94209 Regen, 21.12.2017
                                     St.-Anton-Str. 14
                                     Tel. 09921/4904

Rechtsanwalt

Reiner Frensemeyer

Otto-Hahn-Str. 18
44869 Bochum

Kutza - Strahlenschäden

Sehr geehrter Herr Rechtsanwalt Frensemeyer,

in Ihrem Schreiben vom 20.12.2017 berufen Sie sich auf die Beweislast, dass die Strahlen gegen mich persönlich eingesetzt werden.

Hierzu habe ich Ihnen bereits mehrere DVD's zukommnen lassen die
genau diese Situation der ansteigenden Feldstärke-Messanzeigen beweisen - die gegen mich gerichtet sind.

Diese DVDs liegen auch dem Bundesministerium für Gesundheit vor,
da ich mit Herrn Dr. Tilmann Holzer bereits korrespondierte.

Somit ist nicht nur durch div. Atteste sondern auch optisch sichtbar
der Nachweis der Einstrahlungen gegen meine Person erbracht, deshalb
bitte ich Sie auch Zivilgerichtlich tätig zu werden.

Mit freundlichen Grüssen

Peter Kutza

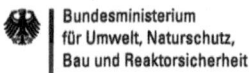

Bundesministerium
für Umwelt, Naturschutz,
Bau und Reaktorsicherheit

Bundesministerium für Umwelt, Naturschutz, Bau und Reaktorsicherheit, G II 3, 11055 Berlin

Herrn
Peter Kutza
St.-Anton-Straße 14
94209 Regen

TEL +49 3018 305-0

service@bmub.bund.de
www.bmub.bund.de

Berlin, 19.12.2017

Sehr geehrter Herr Kutza,

wir danken Ihnen für Ihr erneutes Schreiben vom 08. November 2017.

In unserem Schreiben vom 06. November 2017 sind wir aus unserer Sicht ausreichend auf Ihr Anliegen eingegangen. Auch die erneute Prüfung Ihres Anliegens führte zu keinem anderen Ergebnis.

Wie wir Ihnen bereits geschrieben haben, ist es uns als Bundesministerium nach der Gemeinsamen Geschäftsordnung der Bundesregierung nicht gestattet, Rechtsauskünfte zu erteilen bzw. eine Einzelfallprüfung zur Unterstützung in rechtlichen Angelegenheiten oder der individuellen Rechtswahrnehmung vorzunehmen. Das BMUB ist lediglich für die Bundesgesetzgebung zuständig. Die Ausführung gesetzlicher Regelungen vor Ort obliegt nach der Aufgabenverteilung des Grundgesetzes grundsätzlich den Bundesländern und Gemeinden. Gegebenenfalls kann Ihnen hier weitergeholfen werden.

Zustelladresse: Robert-Schuman-Platz 3, 53175 Bonn, Lieferadresse: Stresemannstraße 128-130, 10117 Berlin
Verkehrsanbindung: Potsdamer Platz, S-/U-Bahn: S1, S2, U2, Bus: 200, M41, M48

 ...

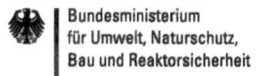

Bundesministerium
für Umwelt, Naturschutz,
Bau und Reaktorsicherheit

Seite 2

Bundesministerien ist es jedoch nicht gestattet, zur Sachbehandlung Stellung zu nehmen oder sich in Ihre Sache einzuschalten. Wir bitten um Verständnis, dass eine Wertung durch das BMUB nicht vorgenommen werden kann.

Bitte haben Sie Verständnis dafür, dass wir Ihre Schreiben damit als abschließend beantwortet ansehen.

Mit freundlichen Grüßen
Im Auftrag

Ihr Bürgerservice im BMUB

43

Peter Kutza

St.-Anton-Str. 14

Tel. 09921/4904

94209 Regen, 17.01.2018

Rechtsanwalt

Reiner Frensemeyer

Otto-Hahn-Str. 18
44869 Bochum

Kutza - Klage Bundesgesundheitsministerium

Sehr geehrter Herr Rechtsanwalt Frensemeyer,
zu Ihrem Schreiben vom 11.1.2018 nehme ich nachfolgend Stellung:
In Ihrem Schreiben vom 16.11.2017 an das Bundesgesundheitsministerium
hatten Sie ausgezeichnet die Fakten und Beweismittel dargelegt, die
nicht außer Acht gelassen werden dürfen und nicht behauptet werden
kann, dass die Gesundheitsschäden und die Verantwortlichkeiten nicht
bewiesen sind.

Nunmehr teilen Sie mir mit, wie Sie schon oft erklärt haben, scheitert
ein Amtshaftungsanspruch an der Beweislast.
Selbstverständlich ist von mir dargelegt, dass der deutsche Staat meine
Krankheiten durch Strahlen auslöst. Beweis: Bezirksklinikum Regensburg
15.02.2005, Parameter für chronischen Stress sog. "Allostatic Loads"
durch elektromagnetische Felder. Erhöhung des TNF-alpha Wertes 13ng/l.

Weiter schreiben Sie mir, ich müsse andere Ursachen ausschließen -
nun ich bitte Sie - es ist doch wohl unverkennbar ein Ausschluß anderer Ursachen, als die durch meine Messgeräte angezeigten Feldstärken -
elektromagnetischer Wellen und den dadurch zeitgleich veränderten Blut-
druckwerten.

Diese Tatsachen beweisen auch mehrere 24 Std.-RR, womit auch hier der
Ausschluß anderer Möglichkeiten zur Blutdruckveränderung erbracht ist.
Desweiteren liegen Ihnen DVDs vor die eine vorsätzliche gegen mich ge-
richtete Bestrahlung mit elektromagnetischen Wellen beweisen.

Da auch ich Ihnen diese Fakten schon öfters erklärt habe und keine andere Möglichkeit sehe zu meinem Recht zu gelangen, bitte ich Sie mir
mitzuteilen ob Sie meine Mandantschaft weiter aufrecht erhalten.
Mit freundlichen Grüssen

"Wie auch mein eigener Präzedenzfall beweist und von mir umfangreich nachgewiesen wurde, ist auch von Holger Strohm nachfolgendes beschrieben". Elektromagnetische Wellen erzeugen je nach Wellenlänge, Frequenz und Zeitdauer ihrer Aussendung, völlig unterschiedliche Wirkungen beim Menschen und können jede Stimmungsschwankung, von Euphorie Freude, Depressionen, Verzweiflung, manische Raserei, Handlungsunfähigkeit bis zum kritiklosen Gehorsam erzeugen. Diese Frequenzen wurden auch über Handymasten freigesetzt. Laut dem britischen Wissenschaftler Tim Rifat sind die Mobilfunkmasten so konstruiert, dass sie auch psychotrope ELF-Wellen abstrahlen können, die beim Menschen Unterwürfigkeit verursachen.

Neben dem Ionenfluss der Neuronen (also dem Lernvorgang) lässt sich auch die Übertragung eines Impulses von einer Zelle zur andern verändern. Weiterhin lassen sich die Fuktionen einzelner Nervenzellen, die Gehirnströme, der Gehirnstoffwechsel und die Funktionsverteilung der Hirnhälften manupulieren - also die verstandesbedingten Fähigkeiten des Menschen. Mit dieser Technik ergeben sich ungeahnte Möglichkeiten der Bewusstseinskontrölle & Verhaltensbeeinflussung. Daher ist es kein Wunder, dass Forschungseinrichtungen der Armee und Geheimdieste großes Interesse an diesem Wissensgebiet haben.

Insbesondere stand die Wirkung von Mikrowellen auf das Nervensystem - die Beeinflussung des Verhaltens großer Bevölkerungsgruppen ganz oben auf der Forschungsliste.

Mittlerweile ist man in der Lage auf jedes menschliche Gehirn mittels elektromagnetisch induzierter Algorithmen direkt zuzugreifen, und somit auch auf alle neurokognitiven Prozesse, die mit dem Bewusstsein, den Erfahrungen, den Gefühlen, der Denkfähigkeit und den menschlichen Verhaltensweisen verknüpft sind.

Weiter erfährt man auf Seite 107 - Überall werden Gesetze gebrochen und Menschenrechte mit Füssen getreten. Doch Schwerkriminelle, die im Namen des Staates foltern und morden, werden mit einem Mantel des Schweigens und der Geheimhaltung beschützt. Und wer es wagt, über schlimme Verbrechen zu berichten, wird hemmungslos gejagt. Als Beispiel hierfür könnten Julian Assange und Edgar Snowden genannt werden.

Auch in Deutschland wird gefoltert und zu Tode gebracht, ohne das die zuständigen Staatsorgane die auch jegliche Menschenrechte beugen tätig werden. Dadurch wird man extremsten Verbrechen weiter ausgeliefert.

fürch, fo

Reiner Frensemeyer
Rechtsanwalt

Rechtsanwalt Frensemeyer Otto-Hahn Str.18 44869 Bochum

Bundesgesundheitsministerium
Friedrichstr.108
10117 Berlin

Reiner Frensemeyer
Otto-Hahn-Str.18
44869 Bochum

Telefon:
0160/8065925

Deutsche Bank
Gelsenkirchen
BLZ 42070062
Konto 1155522

Bitte stets angeben:
Kutza
Bundesgesundheitsministerium
Datum:16.11.2017

Sehr geehrte Damen und Herren,
mein Mandant Herr Kutza hat mich damit beauftragt, seine rechtlichen Interessen wahrzunehmen. Die Vollmacht habe ich beigefügt.
Mein Mandant ist Opfer von elektromagnetischen Strahlen. Er ist schwer krank. Die Strahlen werden in Deutschland durch verschiedene Einrichtungen erzeugt. Die Strahlen verfolgen ihn und verletzen ihn in seiner Gesundheit.

Der Physiker Bludorf hat die Gefährlichkeit dargelegt. Verantwortlich sind Mobilfunktechnologien und militärische Einsätze. Er und der weitere Experte Fosar haben bewiesen, dass z.B. elektromagnetischen Waffen über ELF-Wellen(0-300 Hz) und Mikrowellen (300 MHz-300 Ghz) in Feldversuchen gegen unschuldige und unwissende Bürger benutzt werden.
Im Bereich der elektronischen Waffen sind mehrere Patente erteilt worden.
Psychophysischer-terror.com

Die persönliche Betroffenheit ergibt sich aus den beigefügten Fotos und den Attesten, die dem Ministerium schon vorliegen. Die Belastungen muss mein Mandant jahrelang ertragen. Sie wirken wie Folterinstrumente. Die näheren Einzelheiten ergeben sich aus den Anlagen. Herr Kutza hat für die Verletzungen, deren Ursachen und die Täter/Beteiligte dem Ministerium bereits viele Beweismittel vorgelegt, die Sie außer Acht lassen. Sie können daher nicht behaupten, dass die Gesundheitsschäden und die Verantwortlichkeiten nicht bewiesen sind.

Als Bundesgesundheitsministerium sind sie verfassungsrechtlich für das gesundheitliche Wohlbefinden aller Deutschen im gesamten deutschen Staat verantwortlich. Sie können nicht auf Landesbehörden verweisen. Falls Sie der Meinung sind, dass andere Regierungsteile für die Strahlen zuständig sind, müssen Sie sie einschalten und nicht mein Mandant. Es handelt sich um interne Verwaltungsaufteilungen, mit denen Sie meinen Mandanten nicht behelligen dürfen.

Ich fordere das Ministerium auf, die gefährlichen Strahlen sofort zu unterbinden.

Teil II

An alle Polizeidienststellen der Bundesrepublik Deutschland

Mikrowellen -Verbrechen / Elektromagnetische Folter aus der Distanz

Sehr geehrte Damen und Herren,

Seit über zehn Jahren werden in Deutschland Menschen in ihren Wohnungen durch Wände hindurch, heimlich und in menschenverachtender Weise mit gepulsten, hochfrequenten elektromagnetischen Strahlen gefoltert. Nach unseren Recherchen besteht seit langem eine entsprechende **Organisierte HighTech-Kriminalität,** die sich ungehindert etablieren und ihr Vorgehen zunehmend präzisieren konnte. Es handelt sich bei diesen Verbrechen nicht um Einmal-Delikte. Mikrowellen-Verbrechen sind auf Langzeit angelegt.

Neueste Elektronik und hochentwickelte Mikrowellen-Technologie bieten viele Möglichkeiten zur kriminellen Nutzung. Ahnungslose Bürger werden gezielt abgehört, „überwacht" (Surveillance), verfolgt, geortet und in schädigender Absicht besendet. Die **Motive** sind vielfältig und reichen vom einfachen „Freistrahlen" eines Hauses, um eine Immobilie günstig zu erwerben, bis hin zu langsamen, grauenvollen „Liquidierungen". Wir kennen Fälle, die man ohne Übertreibung als Hinrichtungen bezeichnen kann. Diese Geräte sind auch ideal, um Konkurrenten zu erledigen. Die Auswahl der Opfer ist häufig von Rachemotiven, krankhaftem Hass und Sozial-Neid geprägt. Wie wir in Erfahrung bringen konnten, zahlen zudem entsprechende Auftraggeber enorme Summen für illegale Menschenversuche (Waffentests), um die biologischen Auswirkungen von gezielter MW-Besendung zu erforschen.

Die **Foltermethoden** sind extrem vielfältig und erzeugen mannigfache Phänomene: Feine Nadelstiche, messerscharfes Stechen wie mit einem Dorn, Erhitzung einzelner Körperteile, die das Gefühl, „gegrillt" zu werden, erzeugt, Vibrieren und Reissen, als wäre man in eine Stromquelle geraten, Schmerzen unterschiedlicher Qualität an wechselnden Körperstellen u.v.m. Auffällig ist das pervers-sadistische Verhalten vieler Folterer, die ihre Opfer vorzugsweise in die Genitalien und den After „schießen".
Die bestialische Kaltblütigkeit, mit der diese Verbrechen durchgeführt werden, ist für normale Bürger, die gar nicht begreifen, was da mit ihnen geschieht und warum sie dermaßen traktiert werden, entsetzlich und kaum fassbar.

Die **Auswirkungen** der Mikrowellen-Besendung sind u.a. abhängig von:
Intensität (elektrische Feldstärke bzw. Leistungsdichte) / Trägerfrequenzen / Pulswiederholrate (Modulation) / Strahlenbündelung / Abstand Besendungsquelle-Opfer / Interferenz mehrerer Besendungsquellen.
Wer sich mit diesen **Parametern** auskennt, kann Menschen aus der Distanz unsichtbar, heimlich, gezielt und schwer nachweisbar:
lahm legen / manipulieren / quälen / foltern / krank machen / in den Selbstmord treiben und/oder töten.

Wer diese Geräte / Waffen, die teilweise mit wenig Aufwand und geringen Vorkenntnissen selbst angefertigt werden können (s. Bauanleitung im Internet) besitzt, verfügt über ein unglaubliches **Machtmittel** und erschreckendes **Zerstörungspotential** und kann sich bisher vor strafrechtlicher Verfolgung absolut sicher fühlen.
Die kriminelle Verwendung neuester Mikrowellen-Technologie kennzeichnet die Kriminalität der Zukunft. Sie bietet auch ideale Möglichkeiten zur Herstellung von Waffen für

elektromagnetischen Terrorismus, vor dem im Zweiten Gefahrenbericht der Schutzkommission beim Bundesminister des Innern (Band 48, 2001) gewarnt wird. Mit dem entsprechenden technischen KnowHow erreicht man nicht nur gezielt eine Person in einer Familie/ oder Gruppe. Man kann die Besendung auch großflächig einsetzen und damit verheerende Auswirkungen erzielen.

Seit über 10 Jahren beobachten wir eine zunehmende Präzisierung der Technik und des Vorgehens. Die Folter kann aus immer grösseren Entfernungen mit immer kleineren, transportablen Geräten unter Verwendung „intelligenter" Antennensysteme verursacht werden. Die Besendungen werden differenzierter und spezifischer. Der unmittelbare Nachbar, der mit einem umgebauten Mikrowellen-Herd foltert, stellt nur die Primitivvariante einer weitaus komplexeren und äußerst geschickt getarnten HighTech-Kriminalität dar.

Je länger die Verbrechen geduldet werden, um so schwerer wird die Aufklärung sein.

Es handelt sich um ein **hinterhältig ausgeklügeltes Verbrechen,** bei welchem das Opfer einerseits mit elektromagnetischer Strahlung angegriffen wird und andererseits durch zusätzliche Straftaten systematisch geschwächt, geschädigt, eingeschüchtert und isoliert werden soll. Die Schilderungen der Opfer über die bisher weitgehend unbekannten und unvorstellbaren Mikrowellen-Verbrechen erscheinen Außenstehenden schon unglaubwürdig. Darüber hinaus wirken die begleitenden Straftaten unsinnig und absurd:

- Einbrechen, ohne Einbruchspuren zu hinterlassen
- Stören von Kommunikationsmitteln (Telefon, PC, Fax-Gerät)
- Rufmordkampagnen
- Geräuschfolter
- Straßenverkehrsterror etc.

Diese **Doppelstrategie** verstärkt somit den Zweifel an der Urteilsfähigkeit der Opfer. Durch das Vortäuschen von Straftaten und andere perfide Delikte wird zudem eine Umkehrung der Täter-Opfer-Rollen angestrebt.

Insgesamt zielt die Strategie darauf ab, den Anschein zu erwecken, als wäre alles ein Problem der betreffenden Person und als stimme etwas mit dieser Person nicht. Die Verbrechensvorgänge sollen auch mit ganz normalen Abläufen aus dem täglichen Leben erklärt werden können („**plausible deniability**"), so als bilde sich das Opfer die Verfolgung und die „unheimlichen" Angriffe nur ein. Zudem soll vermutlich von der eigentlichen Schwere des Verbrechens, der Besendung bzw. Bestrahlung mit Mikrowellen, abgelenkt werden. Das Verbrechen soll individualisiert werden, eine Strategie, die bisher leider aufging.

Stattdessen handelt es sich bei dieser „neuen" Form der (Organisierten HighTech-) Kriminalität aber um eine schwerwiegende und gefährliche Entwicklung von **nationaler Bedeutung.** Es ist keinesfalls die Sache einer einzelnen Person, wenn in unserem Land ungehindert gefoltert und gemordet werden kann - egal mit welchen Mitteln und ob heimlich oder offensichtlich! Jeder Bürger kann zum Opfer werden und ist dann den bestialischen Verbrechern genauso hilflos und schutzlos ausgeliefert, wie wir es jetzt schon sind.

Aus vielen Fällen ist uns das auffällig **standardisierte Vorgehen der Organisierten** (HighTech-) **Kriminalität** bekannt:

Das ausgewählte Opfer wird in der Regel zunächst aus Wohnungen heraus und aus geparkten Autos/Vans besendet. Dazu werden immer mehr Nachbarn „rekrutiert" bzw. speziell geschulte Folterer eingesetzt. Außerhalb der eigenen Wohnung kann man sich noch erholen. Man stellt fest, dass die Besendung in der Wohnung nur an bestimmten Orten spürbar ist, vor allem in der Nähe einiger Fenster. Instinktiv versucht man, diese Orte zu meiden, merkt aber bald, dass man immer schneller aufgespürt und weiterbesendet wird. Es kommt zu regelrechten Verfolgungsjagden in der eigenen Wohnung. Man versucht

auszuweichen und verlässt oft fluchtartig seine Wohnung, wird aber bald überall geortet und immer zielgenauer besendet. Irgendwann gibt es kein Entkommen mehr. Weder in Hotels noch bei Freunden ist man in Sicherheit. Man wird bundesweit und sogar länderübergreifend immer schneller erfasst und besendet. Es gibt **keine Zufluchtsorte** mehr. Und für einen Außenstehenden ist ein Verbrechensvorgang überhaupt nicht erkennbar: Man sieht weder einen Folterer, noch die Foltergeräte, noch die quälenden und schädigenden Mikrowellen, noch deren Auswirkungen. Alles, was die Opfer berichten, klingt wie phantastische Hirngespinste oder eingebildete Science-Fiction-Szenarien.
Vermutlich ist die Hemmschwelle der Verbrecher gerade deshalb so niedrig, weil diese Verbrechen aus der Distanz und unsichtbar, meist ohne Spuren zu hinterlassen, ausgeführt werden können. Man kann Menschen mit Mikrowellen brutal foltern, ohne dass etwas nachweisbar werden kann, denn meßtechnische Gutachten sind äußerst schwer zu erstellen. Wir vermuten, dass straff organisierte Auftraggeber-Auftragnehmer-Verhältnisse bestehen, bei denen Teilaufträge an Mit-Täter vieler Altersgruppen vom Jugendlichen bis zum Rentner vergeben werden. Dass es sich hier um den Reiz des leicht verdienten Geldes handelt, erkennen wir an dem plötzlichen Besitzzuwachs der Verbrecher, häufig an neuen, teuren Autos. Wir haben Aufzeichnungen über Folter-Schichtsysteme, beobachten öfters das Heranschaffen von immer kleineren Geräten (Bauteilen?), wonach die Folterungen verändert werden und können gelegentlich sogar spezielle Folter-Methoden bestimmten „Auftragserfüllern", die zum „Schichtdienst" kommen, zuordnen. Übereinstimmend berichten alle Opfer davon, dass die Wohnungen/Häuser, aus denen gefoltert wird, nie leer stehen gelassen werden.

Obwohl wir Opfer in der "Interessengemeinschaft" bereits sehr viel unternommen haben, um die Behörden auf diese grausamen Mikrowellen-Verbrechen aufmerksam zu machen, müssen wir immer wieder die Erfahrung machen, dass den Opfern wegen der Unglaublichkeit, der Unsichtbarkeit dieser elektromagnetischen Angriffe und der schweren Nachweisbarkeit nicht geholfen wird.
Die ersten Anlaufstellen der verzweifelten Opfer sind zumeist die **örtlichen Polizeidienststellen**. Dort werden sie aus fehlender Sachkenntnis abgewiesen. Strafanzeigen werden zumeist nicht aufgenommen. Die Straftaten erscheinen in keiner Kriminalstatistik und werden als nicht-existent behandelt, so als gäbe es sie gar nicht!
Im Schreiben vom **Bundeskriminalamt** vom 21.01.2003, AZ: LS 2 - 27-2737/02, wird bestätigt: "Die schädigende Wirkung von Mikrowellen auf den menschlichen Organismus ist seit vielen Jahren eine wissenschaftlich belegte Tatsache." Es wird eingeräumt, dass "ein Einsatz von Mikrowellen als Waffe.....denkbar" ist. "Der Einsatz von Mikrowellen als Mittel zur Schädigung Dritter wird seitens des Bundeskriminalamtes aufmerksam beobachtet."
Laut **Bundesministerium des Innern** (Petitionsausschuß, 23.10.02) „verweist das Bundeskriminalamt...auf die jeweils örtlich und sachlich zuständigen Polizei- und Justizdienststellen."
Mit der ablehnenden Entscheidung der Polizei werden die Opfer den Verbrechern regelmäßig schutzlos ausgeliefert und die Folterungen gehen weiter.

Eine **fatale Besonderheit der MW-Verbrechen** liegt nämlich darin, dass sie nicht ohne weiteres als Verbrechen zu erkennen sind! Das muss man wissen, wenn man damit konfrontiert wird und nach einem Anfangsverdacht Ausschau hält. Die überaus schwierige Beweislage benötigt besondere Sachkenntnisse und ein spezielles Vorgehen beim Ermittler. Dazu ist es unabdingbar zu wissen, was bei MW-Verbrechen zu erwarten ist, wie Indizien zu werten sind und wie Beweise gewonnen werden können.

Dem **Bayerischen Staatsministerium des Innern** liegt ein Gutachten vom **Bayerischen LKA** unter dem Vorgang AZ: IC5-0142.1-610 NA vor, das über MW-Verbrechen aufklärt.

Kriminaltechnik und –taktik müssen den Gegebenheiten moderner Kriminalität angepasst werden. Bisher wird die Ermittlungsarbeit noch weitgehend den Opfern selbst überlassen, wir sind jedoch keine Physiker oder Ermittlungs-Experten. Obwohl bei einigen Opfern meßtechnische Gutachten vorliegen sind uns nur wenige Fälle bekannt, in denen ernsthaft ermittelt wird (z.B. AZ: 711 Js 12421/03).

Wir appellieren an die **Menschenrechte**! Sie vertreten doch die Rechte der Menschen auf Leben, Gesundheit und Freiheit! Es kann doch nicht im Interesse der Gesetzgeber sein, die Unverletzlichkeit der Wohnung der brutalen Verbrecher, in der die Geräte ganz konkret und sichtbar aufgebaut sind und in krimineller Weise genutzt werden, über den Schutz vor Folter zu stellen! Wir unterliegen doch dem Legalitätsprinzip! Die Opfer haben den Rechtsweg gewählt und müssen demzufolge auch angehört und beschützt werden! Es ist doch auffallend und erschreckend, dass so viele Opfer das Gleiche bestätigen. Die Beweise können doch erst am Ende der gründlichen und sachgemäßen Ermittlungen stehen und nicht als deren Voraussetzung gefordert werden!

Wer das Monopol in Anspruch nimmt, alle strafbaren Handlungen zu verfolgen, sollte diese zumindest kennen. Wir möchten in Zukunft verhindern, dass Menschen aus Uninformiertheit der zuständigen Behörden weiterhin qualvoll ermordet werden.
Wenn die Polizei/Polizisten bei dem Anzeigen von Mikrowellen-Verbrechen diese nicht erkennen und keine entsprechenden Ermittlungen aufnehmen, weil sie mit den vorgebrachten Schilderungen der Opfer nichts anfangen können, dann sollten sie sich zumindest darüber im Klaren sein, dass sie damit für MW-Opfer das sichere Todesurteil fällen. Denn gnadenlose Besendung mit gepulsten, elektromagnetischen Wellen ist nicht nur unerträglich, sondern in dieser Intensität auf Dauer tödlich. Das Opfer ist absolut auf die Hilfe der zuständigen Behörden angewiesen, weil es sich aus dieser Folter nicht allein mit legalen Mitteln befreien kann. Und bitte bedenken Sie, welche Möglichkeiten hat ein MW-Opfer und was kann es tun, wenn ihm der **Rechtsweg verschlossen** bleibt, um sich aus der Folter und langsamen Ermordung zu befreien?
Wir wissen um die **Überforderung aller beteiligten Behörden**. Deutlich können wir die erschreckende Diskrepanz zwischen dem Informationsstand, der Ausstattung und den Methoden der Polizei auf der einen und dem technischen KnowHow, der straffen Organisation, den kriegsähnlichen Strategien und der personellen und finanziellen Ausstattung der Verbrechernetzwerke auf der anderen Seite erkennen. Dieser menschenverachtenden und zukunftsträchtigen Kriminalität kann man nur etwas in Zusammenarbeit mit **Staatsschutz** und **Anti-Terror-Einheiten** entgegensetzen.

Wir haben einen Fragebogen als Leitfaden entwickelt, welcher bei der **Anzeigenannahme** unterstützend sein soll. Denn den meisten Betroffenen fällt es erfahrungsgemäß extrem schwer, diese grausamen, auf unsichtbaren Strahlen basierenden Verbrechen zu schildern. Nach Entgegennahme dieser Anzeige ist ein persönliches Gespräch mit dem Opfer zur Verdeutlichung und Klärung der schwierigen Sachverhalte wichtig.
Die "Interessengemeinschaft der Opfer von Elektro-Waffen" bietet umfangreiches Datenmaterial und Ergebnisse jahrelanger Recherchen an.
Auf der 3. internationalen Fachmesse für Polizei- und Spezialausrüstung **GPEC 2004** in Leipzig wird über **"Nicht-letale Wirkmittel** (NLW)" informiert, u.a. über Einsatzmöglichkeiten von **"High Power Microwave** (HPM)" (Hochleistungs-Mikrowellen), www.gpec.de.
Wir bitten darum, alle PolizistInnen der Dienststelle mit diesem Merkblatt zu informieren!

Interessengemeinschaft der Opfer von Elektro-Waffen
www.mikrowellenterror.de

Mind-Control über elektromagnetische Frequenzen, Quelle und Grafik:

DIAGNOSE-FUNK

Blutverklumpung (Geldrollenbildung) durch Mobilfunkstrahlung/Handys.
Im Unterrichtsmaterial wird diese Wirkung an einem Experiment beschrieben. Dies ist unter kontrollierten Bedingungen stabil reproduzierbar und mit einfachen Mitteln nachvollziehbar. (Projekt Jugend forscht)

Mit einem Mobilfunkstrahlen-Messgerät ähnlich meinem eigenen HF 35C, wurde die Leistungsflussdichte in $\mu W/m^2$ in Nähe eines Sendemastes gemessen und mit in etwa identischen Werten wie den von mir in meiner Wohnung gemessenen, die Versuchsperson der Blutuntersuchung zur Verfügung gestellt.

An den folgenden Mikroskopaufnahmen erkennt man den "Geldrollen-Effekt" nach entsprechender Dauer der Feldstärkenbelastung!

Hierzu lassen sich aus Dr.med. Hans-Christoph Scheiner u. Ana Scheiner, Mobilfunk die verkaufte Gesundheit nachfolgende fachzpezifische internationale Ausführungen entnehmen: EMF-Exposition ist als Dauerstress zu werten, es vermindert den Einfluss des parasympathischen Nervensystems auf die Herz-Kreislauf-Funktionen und damit dessen Erholungsfähigkeit. Die von Dr. Petersohn 1997 beschriebene und im Dunkelfeldmikroskop sichtbare Verklumpungstendenz der roten Blutkörperchen (Geldrollenformationen) unter EMF-Exposition, behindert natürlich stark die Kapillargängigkeit der roten Blutkörperchen, der "Erythrozyten" und ihre - "Mikrozirkulation" im Gehirn und allen Organen. (S. 100/101).

Calcium-Ionen-Forscher wie Adey und Blackman wiesen nach, dass bereits niedrigste Leistungsflussdichten von ELF-Wellen sowie ELF-modulierter Hochfrequenzen zu vermehrten Calcium-Ionen-Ausstoß führen. Adey fand bei seinen Forschungen an Küken- und Katzenhirngewebe eine signifikante Freisetzung von Calcium-Ionen aus dem Gewebe bei der ELF-Frequenz bzw. der ELF-Modulation einer Hochfrequenz mit 6 Hz, 9 Hz, 16 Hz, 20 Hz bis 32 Hz, mit einem Maximum bei 16 Hz und der beschriebenen Signalstärke von 3 nW/cm^2. Es steht demnach zu befürchten, dass ähnlich wie bei der Blut-Hirn-Schranke auch das Säugetiergehirn des Menschen auf derartige ELF-Signale, z.B. auch auf die Taktung von 8,34 Hz, mit vermehrtem Calcium-Ionen-Ausstrom reagiert, die Apoptose, also die Selbstzerstörung genetisch und damit krebsig entarteter Zellen unterbricht und Gehirntumore auslöst. (S. 123). Eine Verminderung der Herzratenvariabilität, aber auch vermehrte Herzrhythmusstörungen unter Hochfrequenzexposition fanden die polnischen Wissenschaftler Prof. Bortkiewicz u. Smigielski.

Bericht von Prof. Jürgen Bernhardt, dem damaligen Leiter des Bundesamtes für Strahlenschutz, veröffentlicht mit der wissenschaflichen Erkenntnis, dass gepulste Mikrowellen durch eine Erwärmung von nur 1/10-
000° C im Gehirn eine Druckwelle in der Gehörschnecke auslösen können,
also Geräusche ins Gehirn des Menschen implantiert werden, die außen
akustisch nicht vorhanden sind. Im gleichen SSK-Papier, veröffentlicht
im Bundesanzeiger Nr. 43 vom 3.März 1992, werden die athermischen Effekte noch in einem anderen Bereich, nämlich als Zellmembraneffekt mit der
Folge eines Calcium-Ionen-Ausstroms unter Hochfrequenzeinfluss unterhalb der Grenzwerte klipp und Klar eingestanden. Wörtlich auf Seite 6
zu lesen: "Die Membraneffekte wurden vielfach bestätigt, so dass ihre
Existenz heute als gesichert gilt." (S. 122).

Es sind die "mikrothermischen Effekte", die besonders bei der gepulsten
Hochfrequenz durch die haarnadelscharfen Impulsspitzen und deren Ener-
gievermittlung zu punktuellen Erwärmungen des membrangebundenen Wassers
an den Zellwänden und dadurch zu "Mikroverbrennungen" auf zellulärer
Ebene führen (Liu und Cleary, 1995)

Prof. Johansson am Karolinska-Institut Stockholm in der Abteilung für
Experimentelle Dermatologie und neutrale Wissenschaft stellte auf einem internationalen Kongress am 13.November 2004 die Forschungsergebnisse der letzten Jahre vor. Dabei untersuchte Prof. Johansson die menschliche Haut von gesunden Probanden auf das Vorhandensein von "intraepid-
ermalen Nervenfasern" (Nervenfasern in der Haut), Insbesondere bei der
Suche nach organischen Ursachen der Elektrosensibilität wurde er mit
seiner Arbeitsgruppe fündig: denn in obersten Hautschichten, 20 bis -
40 µm, also zweihundertstel bis vierhundertstel Millimeter unter der
Hautoberfläche, war bei den elektrohypersensitiven Personen die Anzahl
der Mastzellen in der Oberschicht der Haut signifikant vermehrt. Diese
Mastzellen beinhalten in ihrem Zellkörper kleine Granula, winzige flüs-
sigkeitsgefülle Bläschen, in diesen Granula finden sich gewebsaktive
Substanzen wie Histamin, Histin, Serotonin, Chymase, Tryptase u.a. mehr,
die, durch einen äußeren Reiz ausgeschüttet, zu entzündlichen Prozessen
wie lokaler Rötung, Ödemen, Juckreiz, Schmerzen und sonstigen Missempf-
indungen führen. Wie Prof. Johansson und sein Kollege Dr. Gangi durch
ultrafeine Färbeverfahren in den Hautbiopsien nachweisen konnten, zeigt
sich gerade bei den Elektrosensiblen eine vermehrte Ausschüttung dieser
Gewebssubstanzen, und diese nicht nur durch ionisierende Strahlung und
UV-Licht, sondern auch durch Einfluss elektromagnetischer Signale, ob
es sich nun um Radio, TV oder Mobilfunk handelt - Krebsentartungstendenz

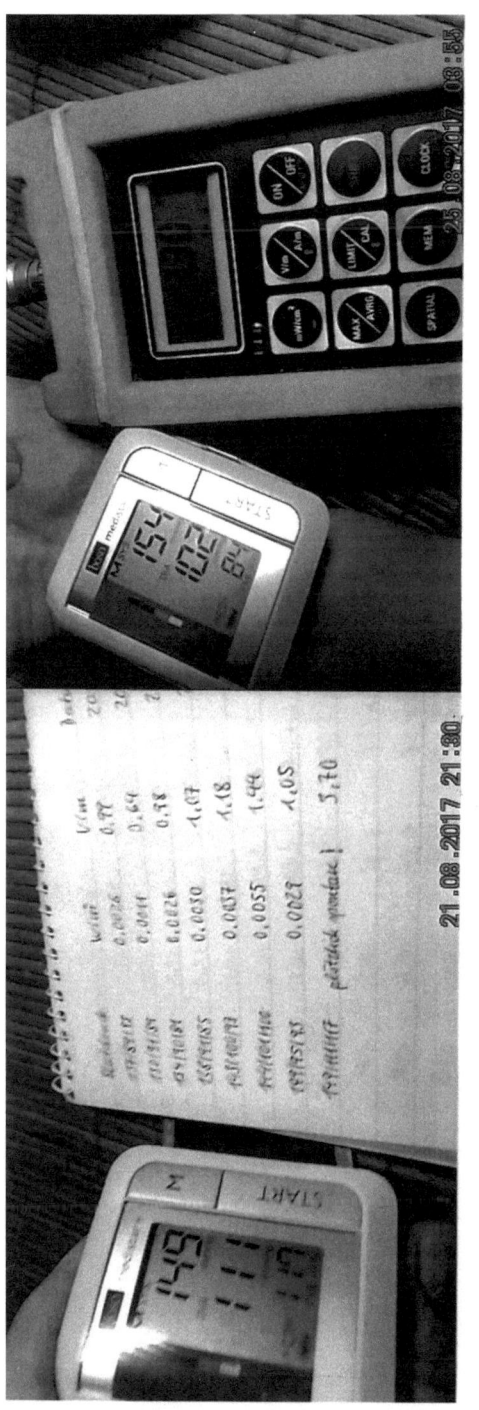

Diese aktuellen Aufnahmen (Datum), bestätigen die seit langen Jahren durch 24 Std.-RR nachgewiesenen Zusammenhänge von elektromagnetischer gemessener Feldstärke V/m und daraus resultierenden Blutdruckveränderungen.

Auch eine kürzlich erfolgte Blutuntersuchung ergab keine anderen diesbezüglichen Anhaltspnkte einer spontanen Blutdruckveränderung.

Diese Bestätigung erfolgt auf Wunsch des Bundesministerium für Gesundheit, dessen Schreiben hier vorliegt.

57

Diese Messaufnahmen vom 15.12.2017 zeigen eine Feldstärke von 4,42 V/m = 0,0519 W/m²

Hierbei zeigt mein Blutdruckmessgerät einen Wert von 157/114 Puls 75

Insbesondere der diastolische Wert, ist bei HF-Einstrahlungen erhöht.

Anbei befinden sich weitere Messaufnahmen die dies bestätigen.

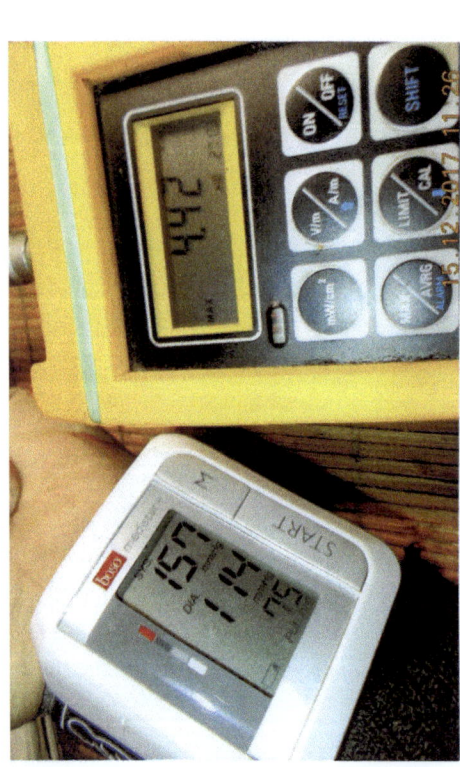 

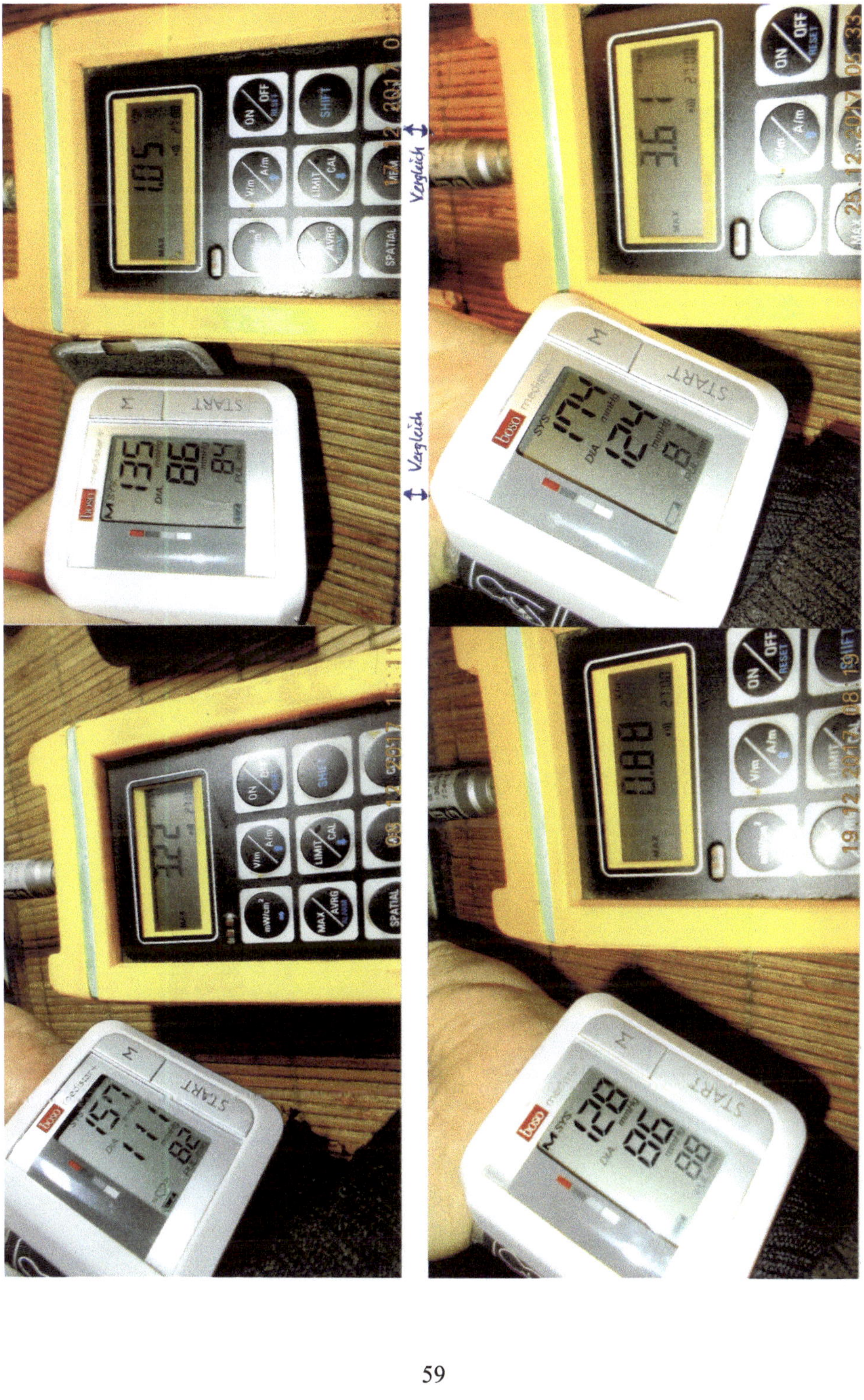
Vergleich
Vergleich

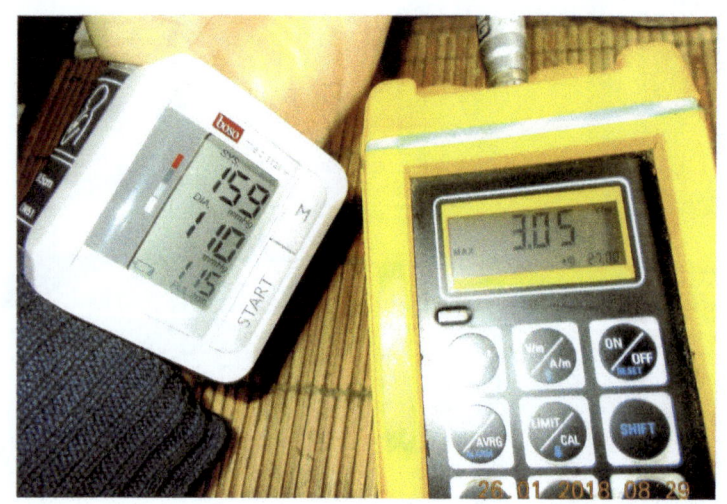

3.05 V/m

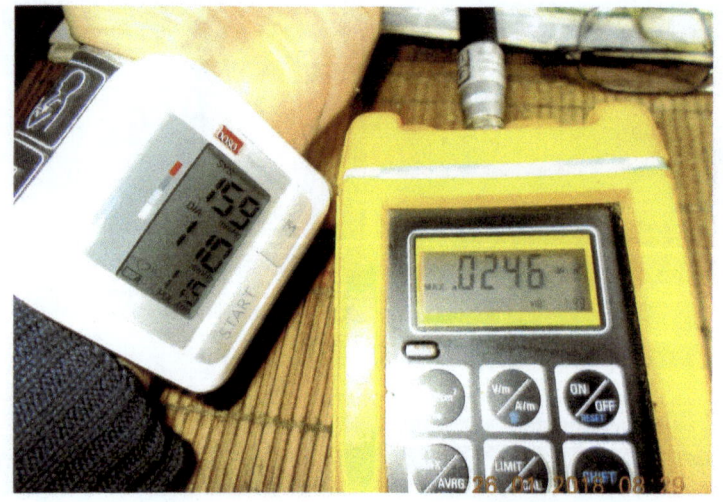

= 0.0246 W/m²

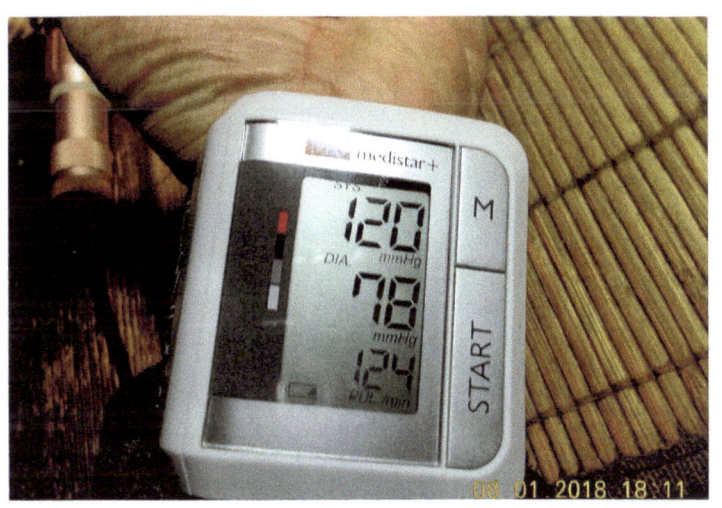

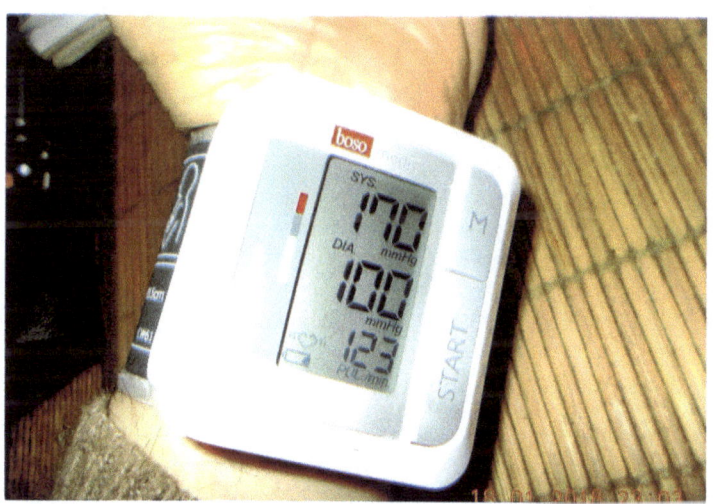

Beispiel für Pulsmodulation !

61

Peter Kutza

94209 Regen, 21.9.2017
St.-Anton-Str. 14
Tel. 09921/4904

Rechtsanwalt
Reiner Frensemeyer

Otto-Hahn-Str. 18
44869 Bochum

Kutza unterlassene Hilfeleistung

Sehr geehrter Herr Rechtsanwalt Frensemeyer,
zunächst danke ich für die kurze Erläuterung - wozu ich meine Stellungnahme vortrage:
Vorrangig besteht die Pflicht auch nach dem Verursacherprinzip entsprechend dem GG 2/2 mir seitens des Staates meine körperliche Unversehrtheit zu garantieren. Eine Hilfeverweigerung durch das Unterlassen der Beendigung weiterhin vorsätzlicher Körperverletzung durch in den Paragraphen des StGB festgelegten Straftaten.

Hierzu gehören StGB 325 Luftverunreinigung durch Lärm
1) Veränderungen der natürlichen Zusammensetzung der Luft - in diesem Fall durch gepulste elektromagnetische Strahlungen, die wie ärztl. Bescheinigt durch zu hohe Feldstärken zu Blutdruckveränderungen führt. Auch Umweltgefährdung durch Strahlenverbrennungen (Fotos)
2) Lärm verursacht, der geeignet ist die Gesundheit eines anderen zu schädigen - in diesem Fall durch die nachgewiesenen Besendungen - messbar in Dezibel (dB) die je nach Modulation zum Höreffekt meistens die zulässigen dB Werte übersteigen.   "Die vom Bundesamt für Strahlenschutz veröffentlichten Wirkungen auf den Menschen als Auflistung der Infraschall-Expositionen in dB und Frequenz zur Hörschwelle veröffentlichten Untersuchungen entsprechen den von mir nachgewiesenen Gesundheitsbeschädigungen."

Da ich wie Sie in der Klageschrift dargelegt haben Opfer freigesetzter Strahlungen, die durch verschiedenste Intensitäten Körperverletzungen verursachen bin, muss weiterer Beschädigungen bei Dauerexposition die Folter entsprechen und auch Tötungsabsicht erkennen lassen -

auf Körperverletzung begehen lassen hingewiesen werden <u>StGB 340</u>.

Da es sich unbezweifelbar um fortgesetzte Gesundheitsschädigung -
auch im weiteren Sinne des Betäubungsmittelgesetzes durch das Be-
senden mit elektromagnetischer Strahlung die zu Benommenheit und
Betäubung ähnlichen Ausfallerscheinigungen wie Denkblockaden durch
Sauerstoffmangel handelt, sehe ich als durchführende Behörde für
diese ständigen "Stress" und auch Fleischwunden erzeugenden Mikrowellen-Waffen - das Bundesgesundheitsministerium an.

Hierzu lege ich Ihnen mein Schreiben an das Bundesministerium für
Umwelt, Naturschutz, Bau und Reaktorsicherheit vom 20.9.2017 bei.

Außerdem informierte ich mit Schreiben vom 17.9.2017 an die Frakt-
ion DIE LINKE, im Bundestag über die verbrecherischen Strahlenfol-
ter-Methoden.

Auch dieses lege ich Ihnen zusammen mit weiteren Ausführungen zu
elektromagnetischen Terrorismus nochmals - bei.

Mit freundlichen Grüssen

Peter Kutze

Einige Angaben zu den verschiedenen interferierend auf meine
Person einwirkemden elektromagnetischen Wellen (Frequenzen).

Bei den sämtlichen von mir mit Messgerät erfassten Frequenzen von
Hz - MHz - GHz ist deren Intensität und Dauer der Einstrahlung von
Bedeutung. Im Hz - Bereich (Niederfrequent ELF) erfasse ich diese
Einstrahlung nicht mit meinem Summenfeldstärke Messgerät das von
100 kHz bis 3 GHz reicht sondern mit dem VOLTCRAFT VC-20.

Diese Messanzeigen bewegen sich wechselnd zwischen 1 Hz und 50 Hz.

Desweiteren erfasse ich mit dem Frequenzzähler ACECO FC1002 eine
ständige Frequenzmodulation im Kurzwellenbereich ca. 10 bis 14 MHz
(Frequenzy-hopping) arretierbare Modulation 10-100-1000 Hz bis MHz.

Diese Frequenzmodulation ist seit ca. 2008 auch weit außerhalb meines Wohnorts messbar, während vorher die verschiedensten Frequenzen
zwischen 1 MHz bis ca.800 MHz ausgetestet wurden (Foto u. Videoauf-
nahmen).
Hierzu erfasse ich mit den Schallpegel-Vergleichsmessungen die Hör-
modulation in Dezibel (dB). Diese illegale Kommunikation zwischen
Mast und Handy (GSM-Mobilfunk), wurden durch vielfache Messungen des
Physikers Franz Bludorf bei einer Pulsfrequenz von ca. 8 Hz nachgewiesen. Die Technologie klinkt sich in die Funktion der Masten ein,
nicht der Handys!

Technologien zur Nutzung von Mobilfunkmasten zur Überwachung und zum
Tracking von Personen CELLDAR-Verfahren sind bekannt.

Die pulsmodulierte Hörfrequenz (Gedanken-Kommunikation) ist bereits
ab ca. 0,5 V/m in meinem Fall vorhanden - und wird bei 125 msek. -
entspricht 8 Hz (pro Sekunde) von meinem Schallpegel-Messgerät SL-
100 in dB-Amplitude angezeigt. Dieser Schallpegelmesser kann mit
verschiedenen Funktionstasten die dB-Modulation zwischen tiefen und
hohen von aussen nicht hörbaren Besendungen erfassen.

Durch die in meinen Buchdokumentationen wiedergegebenen Messbeweise
ist auch die vom Bundesjustizministerium 2001 als "Mobbing und auch
Körperverletzung", wie von mir umfangreich nachgewiesen, abgegebene
Mitteilung Radionischer Besendung bestätigt.

Zudem kann man mit einer Kombination aus Strahlentechnologie und
Radar Menschen durch Mauern beobachten und erfassen, daher auch mit
Mikrowellen-Waffen treffsicher Personen schädigen!

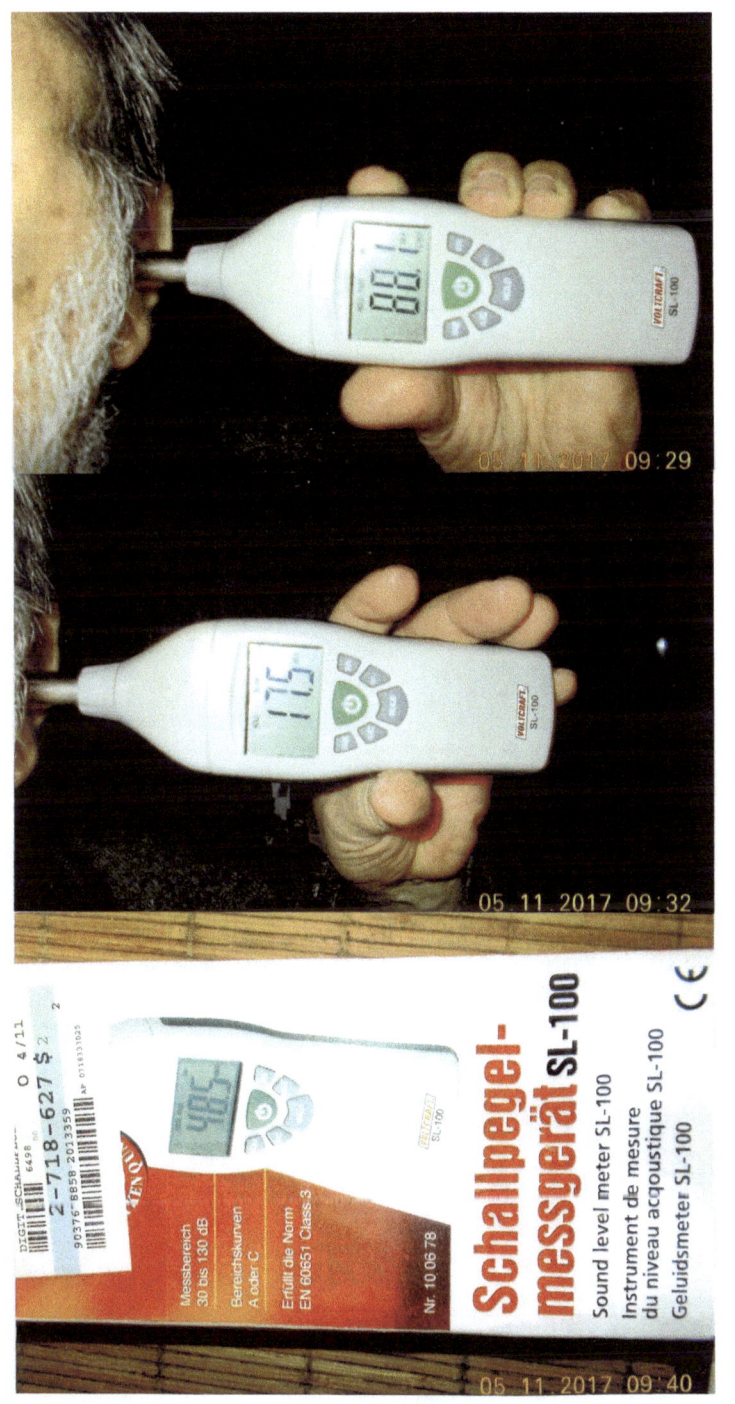

Diese nahtlos in zeitlicher Abfolge erstellten Messaufnahmen in meinem Ohr beweisen die laufende Pulsmodulation zum Höreffekt.

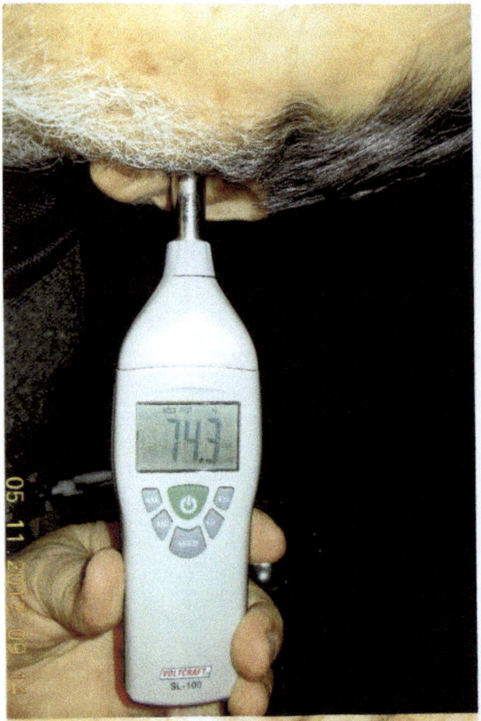

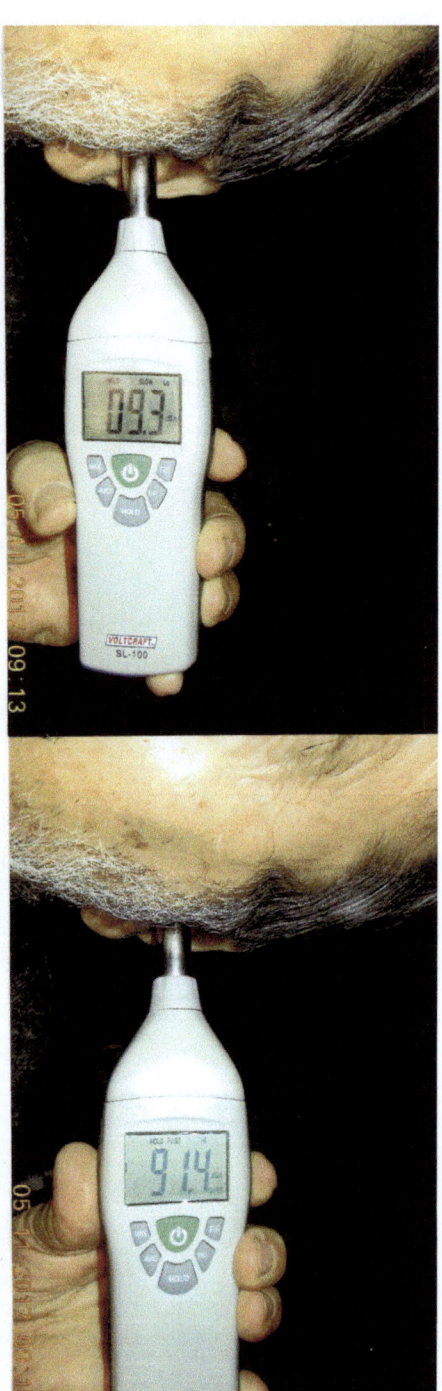

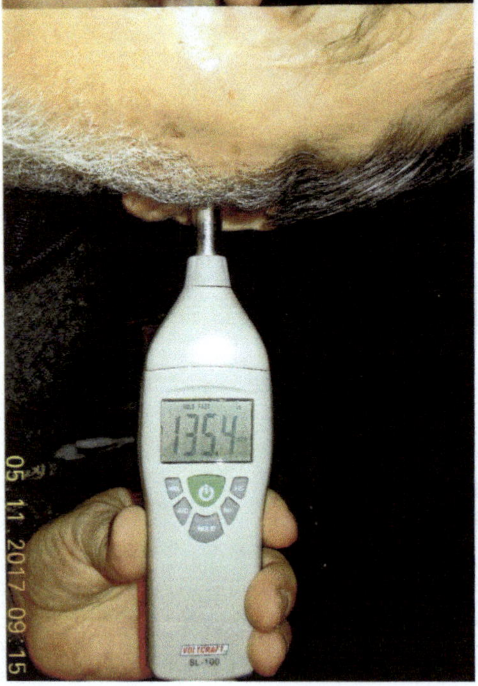

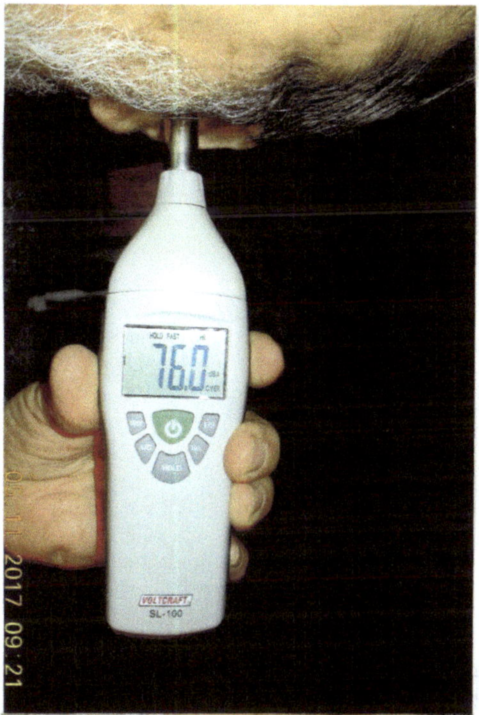

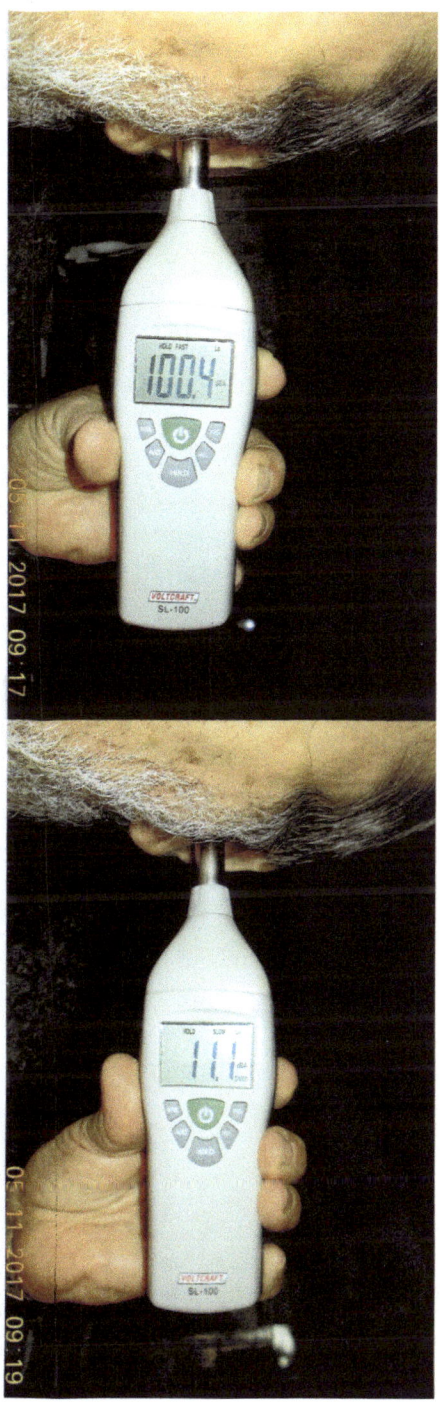

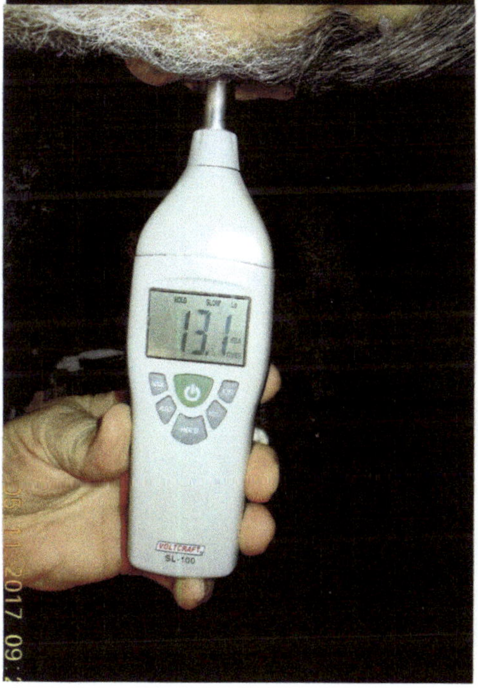

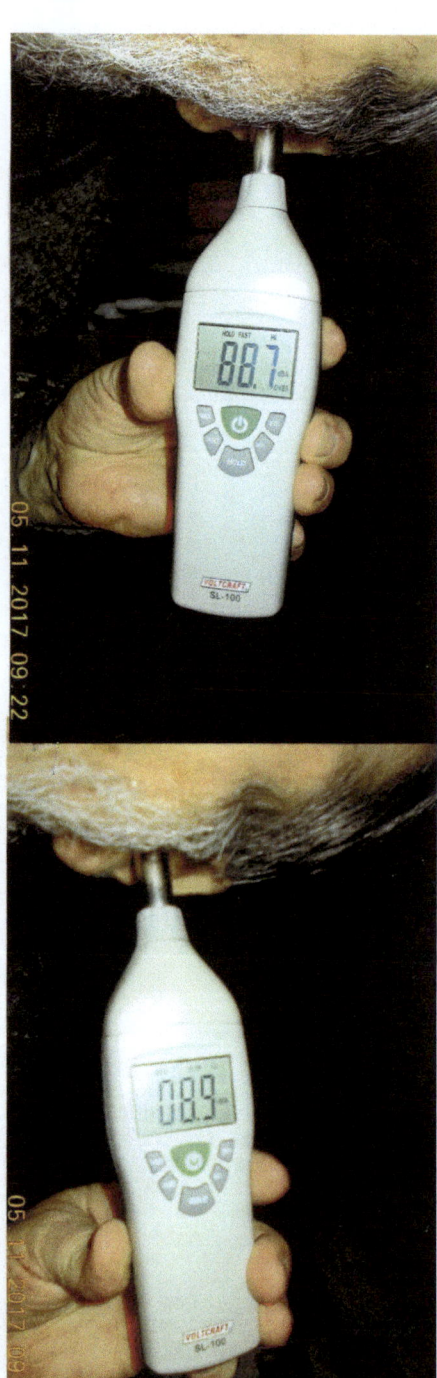

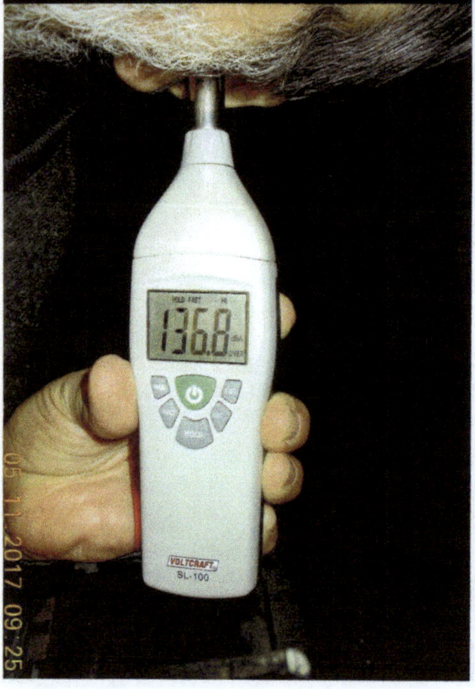

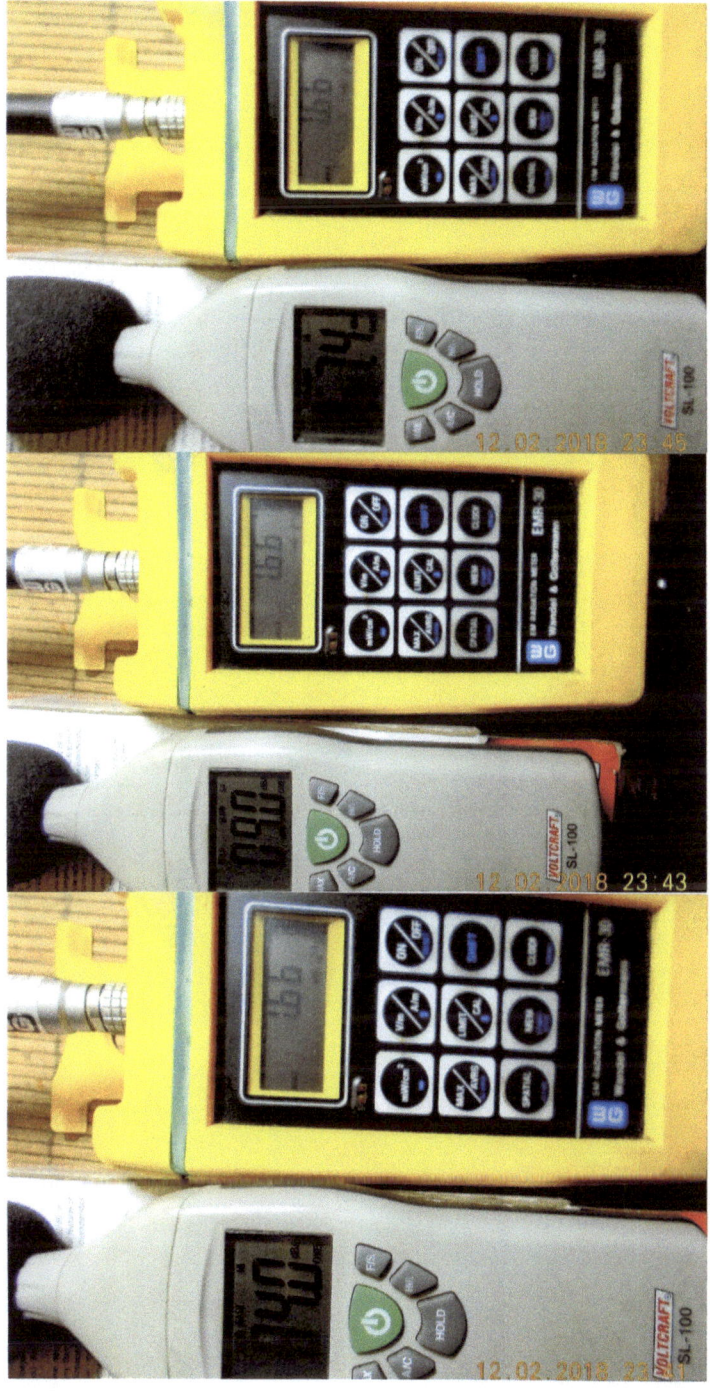

dB- Modulation [Höreffekt   bei 1,66 V/m - Feldstärke   09,0 dB — 157,4 dB [Höreffekt

69

Peter Kutza   94209 Regen, 5.10.2017
                                           St.-Anton-Str. 14
                                           Tel. 09921/4904

Bundesministerium für Umwelt
Naturschutz, Bau und Reaktorsicherheit

Robert-Schumann-Platz 3
53175 Bonn

Sehr geehrtes Bundesministerium,

nach meinem Telefonat mit Ihrem Hause wegen der Dauer Ihres Bescheids
den Sie mir bis Ende Oktober zusicherten, sende ich Ihnen zu meinen
Schreiben vom 20.9. / 23.9. und 27.9.2017 nochmals ganz aktuelle Schädigungsbeweise durch elektromagnetische Einstrahlungen nach.

Diese am Aufnahmedatum gefertigten Beweisfotos zeigen ganz klar die
Wirkung von der gemessenen elektromagnetischen Feldstärke und deren
Beeinflussung der gemessenen Blutdruckwerte.

Da sich hieraus auch weitere Gesundheitsschädigungen wie der von mir
nachgewiesene "Stress" - und viele auch in den Fachliteraturen beschriebenen Gesundheitsschädigungen wie Chromosomenbrüche u.a. ergeben,
bitte ich Sie nochmals um Veranlassung des Unterlassens dieser Strahlungen Sorge zu tragen.

Mit freundlichen Grüssen

                    Peter Kutza

Anlagen

Als Anlage zu meinem Schreiben vom 25.09.14 hinsichtlich Gesundheitsschädigung durch elektromagnetische Wellen füge ich Messaufnahmen des VOLTCRAFT - VC 20 bei, wie auch den Text Tetra-Bos -
ein Fachbeitrag von Dr.med. Hans-Christoph Scheiner.

Dieser Artikel befasst sich mit ELF-Wellen niedriger Frequenz -
z.B. zwischen 3 - 20 Hz- auch "ELF-Wellen", Extreme Low Frequency
-Wellen genannt.

In diesem Artikel der Erkrankungen bei Dauerexposition durch ELF-
Taktung darlegt, wie den gestörten Kalzium-Ionen-Haushalt was zu
vermehrten Muskelkrämpfen, Muskelschwäche, Nervenleitstörungen u.a.
führt, werden auch weitere hochfrequenzbedingte krankhafte Veränderungen wie Herzinfarkte, Schlaganfälle, Thrombosen erwähnt.

Schon bei geringen Strahlenintensitäten von 100-500 nW/cm^2 ist dies
Aufbrechen der Blut-Hirn-Schranke im wissenschaftlichen Versuch zu
beobachten.

Dieser pathologische Kalzium-Ionenausfluß aus den Zellen in Inten-
sitätsbereichen von mehrfach hunderttausendfach unter den Grenzwert-
en (D-Netz mit 450.000 nW/cm^2, E-Netz mit 950.000 nW/cm^2) wurde im
Bundesanzeiger Nr.43 Frühjahr 1992 von der Strahlenschutzkommission
SSK als wissenschaftlich unstrittig anerkannt!

Doch nicht nur neurologische Störungen können aus ELF-modulierten
Hochfrequenzen resultieren: unstrittig sind auch psychische und psy-
chiatrische Auswirkungen auch manipulativer Art.

So werde ich wie in meinen Buchdokumentationen nachgewiesen, mit interferierend auf meinen Körper einwirkenden elektromagnetischen Wellen
im Hz-Bereich (ELF), MHz-Bereich (Frequenzmodulation) und Mobilfunk-
Bereich (Amplitudenmodulation) durch Untertaktung zum "Höreffekt" ge-
sundheitlich Dauergeschädigt.

"Beiliegende Kasuistiken von Frau Dr.med. C. Waldmann-Selsam bestätigen
ebenfalls die gesundheitsschädigenden Auswirkungen elektromagnetischer
Wellen, weshalb der MDK in dieser dringlichen Angelegenheit mit der
Schadensbeurteilung beauftragt werden sollte um Verzögerungen zu vermeiden."

Ergänzend und zur Bestätigung meiner nachgewiesenen Gesundheitsschäden durch elektromagnetische Einstrahlungen auf meinem Körper,
weise ich auf einige Seiten meines neuen Buchs "Verbrechen Strahlenfolter" nochmals hin.

Auf Seite 30 sind umfassende Angaben der Baubiologie Wolfgang Maes
"Stress durch Strom und Strahlung" wiedergegeben.
Prof.Dr, Kolb, Leiter des Instituts für Biophysik der UNI Hannover
und Teilnehmer des EU-Projekts zur Kärung der Wirkung elektromagnet-
ischer Strahlungen auf Zellen: "Wir wissen sehr sicher, dass es zu
Schäden an der DNA kommt und Stressproteine produziert werden."

Prof.Dr.F.Adlkofer stellt 2007 weitere aktuelle Forschungsergebnisse
vor: "DNA-Strangbrüche treten bereits bei 1/40 des Grenzwertes auf."

Auf Seite 118 bis 121 wird in Studien dargelegt wie durch den Zeit-
raum der Exposition mit elektromagnetischen Feldstärken - Einfach-
und Doppelstrangbrüche der DNA entstehen.

Dr. Lebrecht von Klitzing untersuchte den Einfluss gepulster Funksig-
nale - wie sie auch beim GSM-Mobilfunk verwendet werden - auf die
Hirnstromaktivitäten von Menschen.
Den dominanten Frequenzen sind unterschiedliche Bewußtseinszustände
zugeordnet: Deltawellen 0,5 bis 4 Hz. Charakteristisch für den Tief-
schlaf ‑ Thetawellen zwischen 4 und 7 Hz. Charakteristisch für Erholung und Entspannung - Alphawellen zwischen 7 und 12 Hz. Charakteristisch für tiefe Entspannung kurz vor Erreichen der bewussten Wahrnehmung - Betawellen zwischen 13 und 27 Hz. Charakteristisch für den
Wachzustand. Konzentration erhöhter Aufmerksamkeit - Gammawellen über
27 Hz. Charakteristisch für Angstzustände, Hyperaktivitäten-Anspannung.

Auf Seite 154 u. 155 wird über Dauerstrahlung und Dauerstress berichtet. Der 2013 von Ulrich Warnke und Peter Hensinger veröffentlichte
Forschungsbericht "Steigende 'Burn-Out'-Inzidenz durch technisch er-
zeugte magnetische und 'elektromagnetische Felder'des Mobil- und Kom-
munikationsfunks". Sie führen 46 Forschungsstudien an, die nachweisen
dass die Frequenzen Freie Radikale generieren, die zu einem Mangel an
Zellenergie führen - zur "Mitochondriopathie".

Seite 159 Thermische Wirkung kann sogar zu örtlichen Verbrennungen
der Haut und tieferliegendem Gewebe führen (E-Waffeneinsatz).

Reiner Frensemeyer
Rechtsanwalt

Rechtsanwalt Frensemeyer Otto-Hahn-Str.18 44869 Bochum

Reiner Frensemeyer
Otto-Hahn-Str.18
44869 Bochum

Oberverwaltungsgericht
Hardenbergstr.31
10623 Berlin

Telefon:
0160/8065925

Deutsche Bank
Gelsenkirchen
BLZ 42070062
Konto 1155522

Bitte stets angeben:
Stellungnahme Kutza
Strahlen OVG Berlin zu
Gegnerschriftsatz
Datum: 21.10.2016

OVG 10 N 54/16

Allein der Schriftsatz vom 20.9.2016 spricht für die Zulässigkeit der Berufung. Der Klagegegner sieht immer noch nicht die Brisanz des Einsatzes von Elektrowaffen. Dass diese vom Klagegegner eingesetzt werden, ergibt sich aus meinen früheren Schriftsätzen und dem Urteil des Verwaltungsgerichts. Das Gericht hat den Einsatz und die Verletzungen bestätigt(in diesem Zusammenhang erinnere ich (nochmals)an die Aussage der verantwortlichen Bundeskanzlerin: „Was technisch möglich ist, wird gemacht"). Es hat die Klage wegen angeblicher unbewiesener Kausalität zwischen dem Einsatz der Waffen und den Verletzungen abgewiesen. Dass die Beweislast beim Klagegegner und nicht beim Kläger liegt, hat der Unterzeichnende ausgiebig dargelegt. Die weltweite E-Waffenverwendung beweist die deutsche Teilnahme(der deutsche Staat macht das, was technisch möglich ist (s.o.)). Deutschland ist einer der größten Waffenhändler auf der Erde. Auch die mögliche Beteiligung ausländischer Stellen beim hiesigen E-Waffeneinsatz spricht gerade für die Verantwortung des deutschen Staates und eben nicht dagegen. Entweder ist er Mittäter durch aktives Tun oder Täter durch Unterlassen. Der deutsche Staat muss seine Bürger schützen und nicht schädigen. Er hat die Hoheit. Die genannten Tatsachen verkennt der Klagegegner.
Die Berufung ist zuzulassen, weil die Fragen des Einsatzes von elektromagnetischen Waffen, die Beweislast und der Verzicht des deutschen Staates auf Wahrnehmung seiner Souveränität grundsätzlich geklärt werden müssen.

- Nick Begich/James Roderick

Wissenschaftliche Erforschung der biologischen und gesundheitlichen
Wirkungen von elektromagnetischen Feldern:
Der Tamino-Bericht von 1999 weist darauf hin, dass diese Wirkungen
von fundamentaler Bedeutung sind, um genau zu verstehen, wie EMF-
Strahlen im Prozess der Karzinogenese beteiligt sind, die in zwei
Stufen vorgehen soll: Initiation, wenn der ursprüngliche genetische
Schaden (an der DNA) entsteht, und die Promotion mit der Vermehrung
der Krebszellen.
Eine große Zahl von Laborstudien zeigt, dass EMFs entscheident mit-
wirken an der Promotion von Tumoren. Außerdem hat die Forschung gezeigt, dass EMF-Strahlen von 50 Hz die Wirkung haben, das Immunsys-
tem zu unterdrücken und die Sekretion von Melatonin zu reduzieren,
die von entscheidender Bedeutung sind, wenn man verstehen will, wie
EMF Tumore entstehen lässt. In diesem Zusammenhang ist die Arbeit -
von Liburdy von besonderem Interesse, da es zeigt, dass Melatonin einen onkostatischen Effekt hat bei einem Bestrahlungsniveau von 0,2
Mikro-Tesla, während die Wirkung bei 1,2 Mikro-Tesla blockiert wird.

Diese Ergebnisse deuten an, dass die klassischen Theorien zu der Frage, wie Verstand und Körper mit elektromagnetischen Feldern interagieren, sehr viel anders als ursprünglich gedacht wurde sind.

Feinste Energie kann moduliert werden, um mit dem menschlichen Körper
so leicht zu interagieren wie es Radiowellen mit einem Radiogerät tun.

Die US-Navy hat über tausend internationale Fachschriften von privaten
und regierungsbeauftragten Wissenschaftlern durchgesehen, die sich mit
diesem Thema befassen. Capt. Paul Tyler schreibt: Obwohl der Körper
grundsätzlich ein elektrochemisches System ist, hat die moderne Wissenschaft fast ausschließlich die chemischen Aspekte des Körpers studiert
und bis heute die elektrischen Aspekte fast gänzlich vernachlässigt.

Derzeit verwenden die meisten Wissenschaftler auf diesem Gebiet das
Konzept der spezifischen Absorbationsrate, um die Dosierung von elektromagnetischer Strahlung zu bestimmen. Spezifische Absorptionsrate
ist die Intensität des internen elektrischen Feldes oder die Quanti-
tät der absorbierten Energie...Die Verwendung dieser klassischen Kon-
zepte der Elektrodynamik erklärt jedoch einige der experimentellen Re-
sultate und klinischen Studien nicht. Entsprechend der klassischen -
Physik würde zum Beispiel die Frequenz des sichtbaren Lichts andeuten
dass es innerhalb der ersten wenigen Millimeter Gewebe reflektiert -

oder total absorbiert wird und so kein Licht durch größere Gewebe-
mengen hindurchdringen kann. Aber das tut es. Auch deutet die klassische Theorie an, dass der Körper völlig unsichtbar für extrem nied-
rige Lichtfrequenzen sein müßte, wo eine einzelne Wellenlänge (ELF)
Tausende von Meilen lang ist. Sichtbares Licht wurde jedoch in der
klinischen Medizin verwendet, um verschiedene Körpergewebe zu durch-
leuchten.

Kürzlich wurde von gepulsten elektromagnetischen Feldern berichtet,
dass sie die zellulare Transkription hervorrufen (das hat mit der Dup-
lizierung oder dem Kopieren von DNA-Informationen zu tun, einem leb-
enswichtigen Prozess). Am anderen Ende des nichtionisierenden Spektrums zeigen Forschungsberichte auch biologische Effekte, die in den
klassischen Theorien nicht enthalten sind. Zum Beispiel haben Kremer
und andere mehrere Arbeiten veröffentlicht, die zeigen, dass Niedrig-
energie-Millimeterwellen biologische Effekte hervorrufen. Sie haben
auch gezeigt, dass die Effekte nicht nur bei sehr geringem Stromzu-
fluss zu sehen sind, sondern auch von der Frequenz abhängen.

Genverbrechen

Die Richtung der Wissenschaft und die Zunahme unseres Verständnisses
hat den Menschen in eine Position gebracht, die Genetik und die DNA
in vielerlei Hinsicht zu diktieren und zu manipulieren - von der Sch-
affung kleinster Netzhautteile bis zur Auswahl spezifischer Genetischer - Merkmale. Die Forschung hat auch gezeigt, dass feinste Energiefelder das Leben an sich ändern können, wenn sie manipuliert, gepulst,
geformt oder auf speziellen Trägerwellen moduliert werden.

Italienische Wissenschaftler haben genetisch veränderte Mäuse dazu gebracht, bis zu 35 Prozent länger zu leben als normale Mäuse, ein Experiment, das den stärksten Beweis dafür liefert, dass das Altern bei
Säugetieren von einer Genetischen Schaltung kontrolliert wird.

Der DNA-Tausch

Zusätzliche Studien der DNA haben gezeigt, dass große Elektronenflüsse
innerhalb der Basispaare der doppelten Helix möglich sind. Daher können die Genaktivierung durch Magnetfelder aufgrund von direkter Inter-
aktion mit sich bewegenden Elektonen innerhalb der DNA stattfinden.
Das bedeutet, dass die Energie unterhalb des ionisierenden Niveaus die
Struktur unserer genetischen Zusammensetzung beeinflussen kann. Die komplexen Interaktionen schaffen stehende Energiefelder, die tiefgreifende
Auswirkungen auf Verstand und Körper haben können.

STRAHLEN-FOLTER mit elektromagnetischen Waffen, wie von der Litera-
turpreisträgerin Felicitas Klara Hope als Erfahrungsbericht veröffentlicht, will ich in einigen Auszügen als ebenfalls Langzeitgeschädigter
als identisch wiedergeben.

Ich bin als "Versuchskaninchen" Angriffsziel einer Gruppe, die mit neu-
artigen, elektromagnetischen Waffen, wie Mikrowellenstrahlung experi-
mentiert. Doch esgeht nicht nur um technische Experimente, es geht auch
nicht "nur" um Schikanen, Körperverletzung, Folter oder psychische Zer-
mürbung - nach einer schweren Erkrankung im vergangenen Jahr musste ich
mit Entsetzen feststellen, dass es um aufwendig und langfristig geplan-
te Mordversuche geht.

Das Folterprogramm dieser Täter wird im Laufe der Jahrzehnte allmählich
gesteigert und reicht von der Verstümmelung der Zehen und Füsse bis hin
zur schmerzhaften Verbrennungen der Gelenke, von Schüssen oder Schlägen
in die Herzgegend bis zu Attaken auf Schläfe und Hinterkopf.
Am Ende stehen lebensbedrohliche Erkrankungen wie Herzinfarkt, Gelenk-
schäden, Schlaganfall, Lähmungserscheinungen, Tumorbildung - und dieser
"Tod auf Raten" wird von der Bande mit vollster Absicht strategisch geplant und durchgeführt. Mord ist ihr Handwerk!

Weiter schildert Frau Hope: Jeder Angriff ist begleitet von einer Erhitzung des gesammten Körpers und peitscht den Blutdruck auf Höchstwerte
nach oben, was für mich als Herzpatientin äußerst gefährlich ist.
Besonders betroffen ist der "diastolische Druck", also der normalerweise niedrigere Wert; er schnellt hoch auf Werte um 110. Wegen dieser Attaken muss ich abends zur stärksten Medikamentendosierung greifen.

Auch die Gelenke sind bevorzugte Zielscheibe. Die Killerbande besendet
Knöchel, Knie, Schultergelenk, Ellenbogen, Finger und sogar die Hüfte,
wobei sich an diesen Stellen oft nachhaltige Hämatome bilden.

Alle Gelenke sind ständig angeschwollen und schmerzen oft so, dass jede
Bewegung zur Qual wird. Der Kopf ist hochrot angelaufen, die Augen sind
geschwollen, und die Angriffe auf die Kehle und die Halsschlagader hinterlassen eine Entzündung des Rachens, bei der oft die Stimmbänder nach-
haltig beeinträchtigt sind. Zum Programm gehört auch der Druck auf die
Schläfe mit Kopfschmerzen und einem Balanceverlust zwischen der rechten
und linken Gehirnhälfte.
Die verschiedenen Möglichkeiten ausgesuchte Opfer zu Tode zu bringen -
sind von mir umfangreich dokumentiert, bezeugt und veröffentlicht worden und durch Herrn Harald Brems dem Parlamentatischen Kontrollgremium
als Sammelunterlagen zur Kenntnis gebracht worden.

genauer dem »Handbuch für Strahlungsdosimetrie«. Das Buch beschäftigt sich u. a. auch mit den Wirkungen von Strahlungen auf Verhalten und Befindlichkeit des Menschen.

RNM – Fernüberwachung aus dem Orbit

Insiderinformationen zufolge soll die NSA die Überwachung bestimmter Zielpersonen (»Targets«) mithilfe von Satelliten betreiben. Dabei soll es möglich sein, evozierte Potenziale des Gehirns im Bereich von 30–50 Hertz abzugreifen und später zu decodieren. Die so gewonnenen Informationen sollen benutzt werden, um eine veränderte Gehirnfrequenzen auf die Person zurückzustrahlen und z.B. Höreindrücke zu induzieren.[116] Diese Technik wird als RNM (Remote Neural Monitoring) bezeichnet. Zur Einspeisung von Fremdinformationen in das Gehirn eines Targets sind bestimmte Resonanzfrequenzen notwendig, um die entsprechenden Zentren der Großhirnrinde zu stimulieren (Tabelle 3).

Bereich	Frequenz (Hz)	Modulation bewirkt
Motorischer Kortex	10	Koordination motorischer Impulse
Auditorischer Kortex	15	Induzierte Geräusche unter Umgehung des Ohres
Visueller Kortex	25	Induzierte Bilder unter Umgehung der Augen
Somatosensorischer Kortex	9	Phantom-Tastempfindungen
Gedächtnis	20	Künstlich induzierte Gedanken

Tabelle 3: Resonanzfrequenzen bestimmter Großhirnareale[117].

Da alle diese Parameter frei gegeneinander variierbar sind, ergibt sich eine nahezu grenzenlose Palette möglicher Anwendungen. Captain Paul Tyler, ehemaliger Direktor des U.S. Navy Electromagnetic Radiation Projekt, betont, dass bereits eine Veränderung der Frequenz um 0,01 Hertz die Wirkung einer Strahlung auf Bewusstsein und Gesundheit vollkommen verändern kann. Hier schon mal eine kleine Auswahl:[106]

- Gepulste Mikrowellen bei einer Pulsrate von 300, 600 oder 1000 Hertz können einen Menschen aus dem Schlaf aufwecken und Atembeklemmungen auslösen.[107]
- Pulsraten von 500 Hertz können dagegen Lähmungserscheinungen verursachen.[108]
- ELF-Frequenzen von 10 Hertz können Ängste auslösen.[109]
- Bei 532 Hertz (VLF-Bereich) kann sich die Angst bis zur Panik steigern.[110] 247 Hertz dagegen erzeugen ein Gefühl des Friedens.[111]
- Frequenzen zwischen 76 und 80 Hertz erzeugen Müdigkeit und Desorientiertheit.[112]
- Modulierte Radiowellen unterschiedlicher Frequenzen können im Kopf eines Menschen Höreindrücke auslösen, auch das Hören von Stimmen.[113]
- Eine US-Militärstudie mit dem Titel »Low Intensity Conflict and Modern Technology« vergleicht das menschliche Gehirn mit einem »Radioempfänger«.[114]
- Bereits durch sehr schwache Magnetfelder (weniger als 1 Milligauß) können bei einem Menschen subjektive Empfindungen wie innere Bilder oder ein Gefühl des Schwebens ausgelöst werden.[115]
- Durch niederfrequente Strahlung (ELF- und VLF-Bereich) können bereits bei relativ geringer Energie Elektroschocks, Schmerzen und Hautverbrennungen ausgelöst werden. Diese »informative Information« verdanken wir dem US-Militär.

Frequenz	Wirkung
7,8 Hz	Gesteigerte Produktion von Wachstumshormonen (bis zu 25%) sowie von Gonadoliberin und Oxytocin (Sexualhormone) und Betaendorphin (euphorieauslösend)
14,5 kHz	Geeignete modulierte Strahlung dieser Frequenz erzeugt *synthetische Gefühle*
500 Hz	Als reine ELF-Frequenz: Freisetzung von Noradrenalin (Stresshormon)
10, 100, 1.000 Hz	Als Pulsrate für Mikrowellen: Desensibilisierung für chemische Substanzen
	Stoppen der Embryonalentwicklung
380–500 MHz	Einfache visuelle Halluzinationen
100 MHz–10 GHz	Modulierte Mikrowellen: Erzeugung von Geräuschen im Kopf
7,6 Hz und 76 Hz	Bei gemeinsamem Einsatz: Schmerzreduktion
5 Hz	Verringerung der Schweißsekretion, Mundtrockenheit, Magenschmerzen
13,5–14,5 kHz	Als Wobbelsignal: Glücksgefühl, Euphorie
20–35 kHz	Wirkung in Abhängigkeit von der ausgestrahlten Leistung: Geringe Intensität: Unwohlsein Gesteigerte Intensität: Übelkeit, Erbrechen, Bauchschmerzen Hohe Intensität: Gefühl der Knochenerweichung oder des Brechens von Knochen, Hören von Stimmen
1 MHz–40 GHz	Nutzbare Frequenzbereiche (Trägerfrequenzen) zur Überwachung und Veränderung von Gehirnwellen

Frequenz	Wirkung
45–74 Hz	Stress wie nach extensivem Alkoholkonsum
435 MHz	Mind Control, Wetterkontrolle: in der Literatur auch als Montauk-Frequenz bekannt
30–50 Hz	Frequenzbereich für RNM (Remote Neural Monitoring)
1,310 GHz, 2,982 GHz	Bei verwendeter Pulsfrequenz zwischen 200 und 300 Hz: Knack- und Brummgeräusche im Kopf
300–3.000 MHz	Klick-, Knister- oder Brummgeräusche (können sogar von Gehörlosen wahrgenommen werden)
7 Hz	Stimulation von Hippocampus und Amygdala; Störung des zirkadianen Rhythmus, Schlafstörungen, sexuelle Störungen
8,6–9,8 Hz	Induktion von Schlaf, Entspannung

Mind Control in ihrer ganzen Vielfalt ist eine Wissenschaft für sich. Genauer gesagt ist sie eine der vielen Möglichkeiten, die uns die moderne *Neurowissenschaft* eröffnet hat. In diesem Sinne bezeichnete die *Französische Nationale Bioethik-Kommission* die Neurowissenschaft als eine »potenzielle Bedrohung der Menschenrechte«.[120] Es ist entwürdigend, dass wissenschaftliche Erkenntnisse, die sehr viel Gutes bewirken können, gleichzeitig derart missbraucht werden.

Teil III

2.12.1. Der geheimnisvolle Zapfen

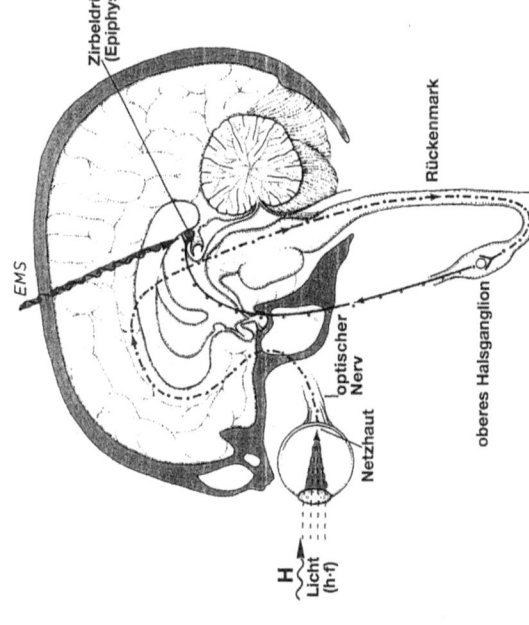

Abb. 64: Wenn Licht oder EMS auf die Netzhaut des Auges trifft, gehen von den Sehzelle Signale aus, die entlang einer Nervenbahn des Sympathikus zum oberen Halsganglion geleitet werden. Von dort gelangen dann Nervenimpulse zur Zirbeldrüse. So können Lichtreize die Drüsenaktivität beeinflussen. (Hormone, L. Crapo, 1985 (12)).

.12. Nachweis, daß die Melatoninsynthese schon bei minimaler Strahlungsdichte (~10 pW/cm²) gesenkt wird

Im die Melatoninproduktion zu hemmen, reicht schon eine Leistungsdichte (Licht, IHF-Strahlen usw.) von etwa 0,01 µW/cm² aus, wobei bei 1,0 µW/cm² die maximale Hemmung erreicht wird.

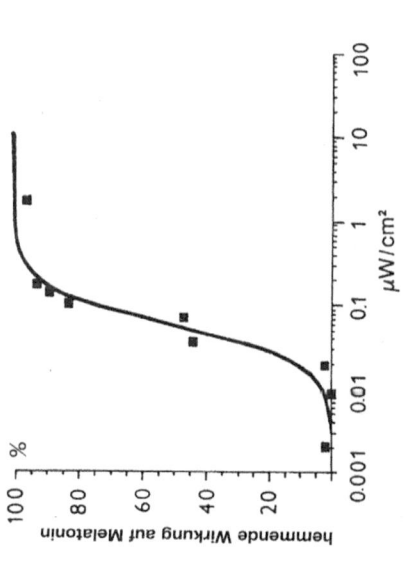

bb. 63: Aus dieser Abbildung ist deutlich zu erkennen, daß durch steigende Leistungsdichte von elektromagnetischen Strahlen (Licht, Mikrowellen usw.) die Melatoninkonzentration sinkt, d.h. der Hemmungseffekt ihrer Wirkungen steigt (Depression) in Abhängigkeit von Leistungsdichte, und das beginnt schon bei einem Wert vom 0,01 µW/cm² und erreicht sein Maximum schon bei 1,0 µW/cm² (nach Brainard, et al. 1983 (4)).

2.11.9. Radiowecker

Abb. 58: Im Schlafzimmer soll der Radiowecker vom Kopf der Schlafenden mindestens 1,5 m entfernt sein (B=3,6 µT/50 Hz) Das Bett soll aus Holz sein (kein Eisen!).

Empfohlene Grundbelastung 30 nT/50 Hz

Bei einem Radiowecker (Saba EZ-16/2,5 W/50 Hz) konnte man in Abhängigkeit vom Abstand eine Magnetflußdichte (B) feststellen:

d =	0 cm	B = 3,560 µT
d =	10 cm	B = 0,930 µT
d =	30 cm	B = 0,122 µT
d =	50 cm	B = 0,059 µT
d =	100 cm	B = 0,048 µT

Aus diesem Grund ist es empfehlenswert, vom Kopf der Schlafenden bis zum Radiowecker 1,5 m Abstand zu halten.

2.11.10. Handy-Strahlen

Gewöhnliche Handys (Abb. 59) strahlen im D- (900 MHz) sowie E- (1800 MHz) Netzbereich und erzeugen am Kopf des Betreibers eine meßbare Feldstärke bis 50 V/m (Grenzwert 42 V/m). Das ist 1,5-tausendmal (1460) größer als der **biologisch erträgliche Reizwert (35 mV/m)**.

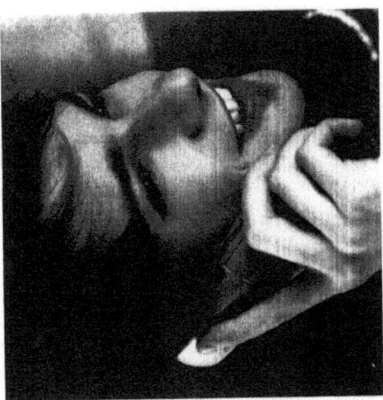

Abb. 59

Bemerkung:
Aber bei einer Feldstärke von 0,02 V/m (0,01 uW/cm²) wird die Zirbeldrüse die Synthese vom onkostatischen (krebswachstumshemmenden) Hormon Melatonin hemmen *(Brainhard)*.

Schirmdämpfung von Wänden für Frequenzen um E = 1800 Hz, α = 90°

- Glaswand (Fenster) . . . . 2,0 dB
- Ziegelwand (10 cm) . . . . 2,5 dB
- Ziegelwand (70 cm) . . . . 4,5 dB
- innere Betonwand . . . . 6,0 dB
- Stahlwand (mit großem Fenster) . . . . . 10,0 dB
- Betonwand (mit Fenster) . . . . 11,0 dB
- Betonwand (ohne Fenster = Keller) . . 13,0 dB

2.13. Begriffe zur Bioinformation

Jede **geordnete** „Substanz" beinhaltet eine bestimmte Information. Es gibt verschiedene Informationsformen, z. B. mechanische, chemische, physikalische (Licht, Wärme, Schall usw.) und natürlich **biologische**.

Die biologische Information ist im DNS (Helix) - Molekül gespeichert, im sog. **genetischen Code** (3 Nukleotiden = 1 Codon = 1 Informationseinheit).

Unser Leben besteht aus einer Vielzahl von komplexen Informationen sowie Wechselwirkungen mit Informationen aus der Umwelt. Ein Information kann gespeichert werden, z.B. auf einem Tonband, in einem Buch bzw. in der **DNS**. Die Information muß vermittelt werden, z.B. muß ein Buch von einer Person genauso wie ein DNS von einer lebenden Zelle „**gelesen**" werden (s. Abb. 83).

Für eine Informationsvermittlung muß:

• ein **Stoff**, sowie
• ein bestimmter **Energiebetrag** vorhanden sein.

Durch eine Informationsvermittlung wird die betroffene „Substanz" auf ein höheres Niveau oder eine andere „Struktur" gehoben. Dabei kann die **Informationsenergie** gegenüber der **Reaktionsenergie** sehr klein sein (1 : 10⁶).

Chaos + Energie = Ordnung (Information)

Typische Informations-Übertragungssysteme sind Sendeanlagen und Hochspannungsfreileitungen. Dabei ist:

• max. Information = f (U), Potentialenergie
• max. Energie = f (I), kinetische Energie.

Das bedeutet, daß die Bio-Information durch äußere Energien beeinflußt werden kann.

$$1e\ V/K = 10^4\ bit$$

[19]

2.13.1.

BIO-INFORMATIONSFLUSS

AUS DER UMWELT | **INTRAKORPORAL**

SINNESORGANE	REZEPTOREN	NEURONAL-CHEMISCH	GENETISCH	HORMONELL
• Augen (Licht, Farbe)	• Chemorezeptoren	• Neurotransmitter (Acetylcholin)	• Chromosome	• Thyroxin (Stoffwechsel)
• Ohren (Schall, Geräusch)	• Kälterezeptoren	• pH-Wert	• DNS	• Cortisol (entzündungshemm.)
• Nase (Geruch)	• Thermorezeptoren	• G-Protein	• Aminosäure	• Insulin (Blutzucker)
• Zunge (Geschmack)	• Schmerz	• Enzymkaskade	• Proteine	• Adrenalin (Streßaktion)
	• Mechanorezeptoren (Druck, Tasten, Vibration)			• Parathormon (Calciumhaushalt)
				• Melatonin (Circardiane-Frequenz)

Strecke ist: Rezeptor (Fühler) – Nervenfaser – Synapse bis ZNS (Gehirn), wobei entsprechende Reaktion erfolgt

A

Die Bioinformation ist für Lebewesen unentbehrlich und ist in seiner Struktur gespeichert (genetischer Code). Grundlage für die Bioinformation ist der **elektrische Aufbau** der lebenden Zelle. Dabei spielt die **Zellmembran** die entscheidende Rolle, die als „Ionensieb" arbeitet und dadurch einen „elektrischen Sensor" für eintreffende Informationen darstellt.

in der Blutbahn bis Zielorgan (-Zelle)

B

Zellen können sich **untereinander verständigen**. Sie sind in de Lage, sich Nachrichten zu übermitteln, indem sie Botensubstanze freisetzen, für die es an den Oberflächen der Empfangszellen „Rezep toren" gibt. Störungen in der Zellkommunikation scheinen die Ursa che vieler **Krankheiten** zu sein (z.B. fehlendes Stopsignal beir Krebswachstum).

... intrakorporal (C. Blobel, Nobelpreis 1999)

2.13.2. Genetischer Code

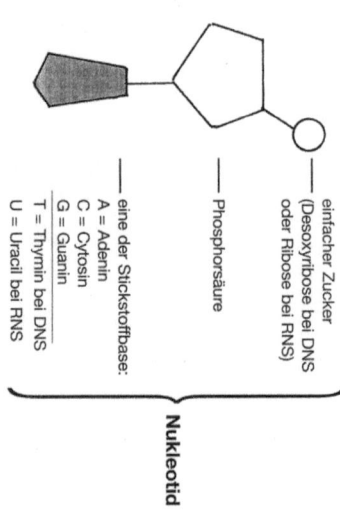

— einfacher Zucker
(Desoxyribose bei DNS
oder Ribose bei RNS)

— Phosphorsäure

— eine der Stickstoffbase:
A = Adenin
C = Cytosin
G = Guanin
T = Thymin bei DNS
U = Uracil bei RNS

Nukleotid

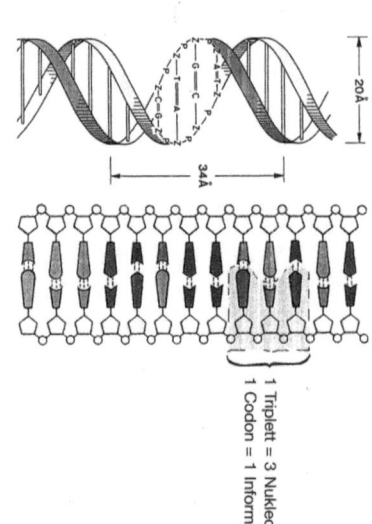

1 Triplett = 3 Nukleotide = 1 Codon
1 Codon = 1 Informationseinheit

Abb. 81: Genetischer Code - schematisch dargestellt

2.13.3. Bioinformation

Informationsspeicherung

Lesen

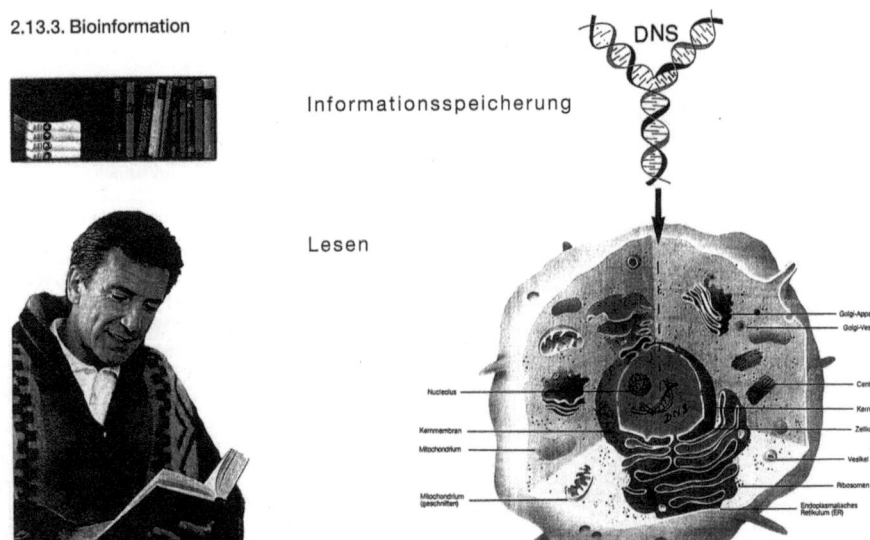

DNS

Golgi-Apparat
Golgi-Vesikel
Centriol
Kernpore
Zellkern
Vesikel
Ribosomen
Endoplasmatisches
Retikulum (ER)
Nucleolus
Kernmembran
Mitochondrium
Mitochondrium
(geschnitten)

Abb. 82: Speicherung von Bioinformation. re. u.: Beispiel einer der Buchillustrationen (verkleinert): Schnittbild einer idealisierten tieri-

Bezirk Oberpfalz

Bezirksklinikum Regensburg • 93042 Regensburg

An die

Gemeinschaftspraxis Drs. Höllein
Am Sand 9

94209 Regen

Auskunft erteilt	Dr. Landgrebe
Telefon	0941/941-0
Durchwahl	0941/941-(0941) 941-1261
Telefax	0941/941-1262
E-Mail	
Unser Zeichen	
Dateiname	
Ihr Zeichen	
Regensburg, den	15.2.2005

Kutza, Hans-Peter, geb. 14.10.1944

Sehr geehrte Damen und Herren,

ihr o.g. Patient hat an unserer Studie zur Untersuchung von subjektiven Beschwerden durch elektromagnetische Felder freiwillig teilgenommen. Im Rahmen der Untersuchungen wurden von uns verschiedene Blutparameter zur Messung des sogenannten „Allostatic Loads" (Fibrinogen, Albumin, Interleukin 6, HbA1c, TNF-alpha, DHEA-S) bestimmt. Der Allostatic Load gilt als Parameter für chronischen Stress und wird derzeit wissenschaftlich bezüglich seines prädiktiven Wertes einer eventuellen Verschlechterung des Gesundheitszustandes evaluiert. Bei Ihrem Patienten fand sich dabei eine Erhöhung des TNF-alpha Wertes auf 13 ng/l (Referenzbereich bis 8 ng/l). Alle weitere Parameter waren im Normbereich. Eine singuläre Erhöhung hat per se keinen Krankheitswert, sollten sich jedoch in Ihren Unterlagen weitere Auffälligkeiten finden, ist eine weitere diagnostische Abklärung ggf. empfehlenswert.

Für evtl. Rückfragen stehen wir Ihnen selbstverständlich jederzeit zur Verfügung.

Mit freundlichen Grüßen

Dr. M. Landgrebe
Assistenzarzt

PD Dr. P. Eichhammer
Oberarzt

Einrichtung des Eigenbetriebs „Kliniken und Heime des Bezirks Oberpfalz"
Werkleitung: Kurt Höupl (Geschäftsführer)
Krankenhausleitung: Prof. Dr. H. E. Klein (Ärztlicher Direktor),
K. Fischer (Verwaltungsleiter), E. Lehner (Pflegedienstleiter)

Bankverbindung:
HypoVereinsbank Regensburg BLZ 750 200 73, Konto-Nr. 8317100
Sparkasse Regensburg, BLZ 750 500 00, Konto-Nr. 1012020

Bezirksklinikum • Universitätsstraße 84 • 93053 Regensburg
Internet: www.bkr-regensburg.de
Sie erreichen das Bezirksklinikum mit den Buslinien 6 und 11 ab Hauptbahnhof.

205

Institut für Humangenetik
des Klinikums rechts der Isar
der Technischen Universität München
Direktor: Prof. Dr. Th. Meitinger
Zytogenetisches Labor
Leiterin: PD Dr. T. Buchholz

Briefanschrift   Trogerstr. 32
81675 München
Telefon (089) 4140-6381
Fax (089) 4140-6382
http://ihg.gsf.de

Herr
Peter Kutza
St.-Anton-Str. 14
94209 Regen

Nachrichtlich: Dr. P. Hollein, Am Sand 9, 94209 Regen

München, 13.02.2009

Zytogenetisches Gutachten

Sehr geehrter Herr Kutza,

am 09.01.2009 erhielten wir von Ihnen eine Blutprobe zur Chromosomenanalyse
Indikation: Ausschluss Chromosomeninstabilität

Untersuchungsergebnis: normaler männlicher Chromosomensatz.

Der zytogenetische Befund liegt dem Gutachten bei (Labor#: 09L1743).

Die Chromosomenanalyse erfolgte aus einer Kultur. Zur Chromosomendarstellung wurde die Giemsa-Trypsin-Färbung angewandt. Analysiert wurden 100 Mitosen auf einem Auflösungsniveau von 450 Banden. Beurteilt wurden sowohl die Anzahl als auch die grobe Struktur der Chromosomen. Chromosomale Strukturveränderungen am Rande bzw. unterhalb des lichtmikroskopischen Auflösungsvermögens sowie niedrig repräsentierte Mosaikkonstellationen können nicht sicher ausgeschlossen werden.

In zwei von 100 ausgewerteten Mitosen fanden sich augenscheinlich balanciert vorliegende Translokation (t(7;7); t(7;12)). In einer Mitose konnte zusätzliches Chromosomenmaterial nachgewiesen werden (marker). Solch unterschiedliche Chromosomenveränderungen finden sich häufig bei älteren Personen, so dass sie aus unserer Sicht nicht als pathologisch zu werten sind. Eine vermehrte Chromosomenbrüchigkeit ließ sich in der jetzigen Chromosomenanalyse nicht nachweisen.

Für Rückfragen stehen wir gerne zur Verfügung.

Mit freundlichen Grüßen

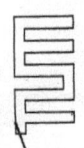

Prof. Dr. Th. Meitinger   PD Dr. Tina Buchholz   Dr. Maja Hempel

---

TUM

Institut für Humangenetik
des Klinikums rechts der Isar
der Technischen Universität München
Direktor: Prof. Dr. Th. Meitinger
Zytogenetisches Labor
Leiterin: PD Dr. T. Buchholz

Trogerstr. 32, 81675 München, Telefon (089) 4140-6381, Fax (089) 4140-6382, http://ihg.gsf.de

München, 13. Februar 2009

Zytogenetischer Befund

Name:	KUTZA Peter
Geburtsdatum:	14.10.1944
Indikation:	Ausschluss chromosomale Instabilität
Einsender:	Dr. Hempel, Institut für Humangenetik, TUM
Labor-Nr:	09L1743
Material:	Lymphozyten
Eingangsdatum:	09.01.2009

Kulturen:	2
Analysierte Mitosen:	100
Bandenfärbung:	GTG, GBG
Bandenzahl:	450

Karyotyp: 46,XY

Beurteilung: Normaler männlicher Chromosomensatz

Prof. Dr. Th. Meitinger   PD Dr. T. Buchholz   Dr. M. Hempel   Dr. S. Langer   C. Kell, MTA

Institut für Humangenetik
des Klinikums rechts der Isar
der Technischen Universität München
Direktor: Prof. Dr. Th. Meitinger
Zytogenetisches Labor
Leiter: PD Dr. Michael Speicher

Institut für Humangenetik, Klinikum rechts der Isar
Ismaninger Str. 22, 81675 München

Briefanschrift Trogerstr. 32
81675 München
Telefon (089) 4140-6381
Fax (089) 4140-6382
http://ihg.gsf.de

Humangenetische Begutachtung

Name: Kutza, Peter Labor#: L-152-04
Geburtsdatum: 14.10.1944 Material: Lymphozyten
Indikation: Erhöhte Anzahl von strukturellen Chromosomenumbauten
Untersuchungen: GTG-Bänderung
Einsender: PD Dr. M. Speicher, Dr. J. Geigl, Dr. S. Langer, Institut für Humangenetik/TUM
Einsendedatum: 22.09.04 Materialeingang: 22.09.04

München, 26.10.04

Bei der jetzt durchgeführten Wiederholungsanalyse wurden insgesamt 100 Metaphasen ausgewertet. Fünfundneunzig dieser Metaphasen wiesen einen normalen männlichen Chromosomensatz, wie in der folgenden Abbildung gezeigt, auf:

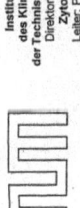

(Abb: Präp: 3b; Mit.: 48; Koord: -54.4 19.4) Karyotyp: 46,XY

Kutza, Peter (Wiederholungsanalyse) 2

In fünf Metaphasen fanden sich strukturelle Aberrationen, die in den nachfolgenden Abbildungen dokumentiert werden:

(Abb: Präp: 4f; Mit.: 59, Koord: -56.8 17.9)
Karyotyp: 46,XY,der(12),del(17q),der(17),der(18)

(A§b: Präp: 4g; Mit.: 79, Koord: -33.8 6.4) Karyotyp: 45,XY,t(12;18),-19

Zusätzlich wurde in einer Metaphase eine Inversion am Chromosom 14 beobachtet (ohne Bilddokumentation).

Insgesamt:

Mitosen: 100   Karyogramme: 18   Bandenzahl: ca. 460

Karyotyp:
46,XY[95]
46,XY,der(12),del(17q),der(17),der(18)[1]
45,XY,t(12;18),-19[1]
48,XY,del(2q),del(5q),+mar1,+mar2[1]
46,XY,t(4;11)[1]
43,XY,-2,-10,inv(14),-15[1]

Beurteilung: normaler männlicher Chromosomensatz

Anmerkung: Zur Beurteilung dieses Chromosomenbefundes verweisen wir auf unseren Begleitbrief vom 26.10.04.

Chromosomale Strukturveränderungen am Rande bzw. unterhalb des lichtmikroskopischen Auflösungsvermögens sowie Mosaike können unerkannt bleiben.

Prof. Dr. T. Meitinger   PD Dr. M. Speicher   Dr. J. Gaigl   G. Lederer, MTA

(Abb: Präp: 4f; Mit.: 61, Koord: -64.1 9.1)
Karyotyp: 48,XY,del(2q),del(5q),+mar1,+mar2

(Abb: Präp: 4g; Mit.: 86, Koord: -42.8 5.0)   Karyotyp: 46,XY,t(4;11)

Pulse modulated UHF illumination of the heart associated with change in heart rate. Frey, A.H.;
Seifert, E. In: Life Sciences Vol. 7, p 505-512, 1968

Die Beeinflussung des Herzschlages durch Bestrahlung mit hochfrequenten elektromagnetischen Wellen

(S.505) Zusammenhang zwischen Bestrahlung des Herzens mit pulsmodulierter UHF Energie und Änderung der Schlaggeschwindigkeit

(S.506) Zweiundzwanzig isolierte Froschherzen wurden mit UHF Energie Pulsen bestrahlt die mit der P Welle des EKG synchronisiert waren. Die UHF Quelle lieferte Pulse von 10 Sekunden Dauer (P Welle vor "Sekunde" ein Zeichen. Soll wohl Mikrosekunden heißen, siehe unten) bei einer Trägerfrequenz von 1,425 GHz (Wellenlänge = 20 cm). Wegen der geringen Pulslänge wurde die Energie in der der tatsächlich in einem Spektrum um die genannte Frequenz abgestrahlt. Jede EKG P Welle, Welle löste einen UHF Energiepuls aus. Die Herzen wurden zum Zeitpunkt der P Welle, 100 Millisekunden sowie 200 Millisekunden nach der Spitze der P Welle bestrahlt. (...)

Anmerkung: Es fehlt vor "Sekunde" ein Zeichen. Wegen der geringen Pulslänge = 20 cm).

(S.510) Das Experiment begann mit dem Kopfen eines Grassfrosches und dem Herausnehmen des Herzens. Das Herz wurde mit der Rückenseite nach oben und mit seiner Längsaxe parallel zum E Vektor (Anmerkung: des elektromagnetischen Feldes) platziert. (...) Die während der Pulse abgestrahlte Leistung betrug 60 mW/cm2. Bei einem Puls Sekunde mit einer Pulsdauer von 10 Mikrosekunden betrug die Durchschnittsleistung 0,6 Mikrowatt, das heißt sie ist sehr gering. (...)

Bei der Bestrahlung des Herzens 200 Millisekunden nach der P Welle, also zu der Zeit in der bei unserem Experiment der QRS Komplex auftrat, nahm die Frequenz des Herzschlages zu. (...) In der Hälfte der Fälle kam es in Verbindung mit der Bestrahlung zu Arrhythmien. Gelegentlich hörte das Herz nach einer Zeit der Arrhythmie auf zu schlagen. (...) Aus den Daten für die Bestrahlung zum Zeitpunkt der P Welle oder 100 Millisekunden ließen die Forscher die Daten für die Wirkung existiert, von Zeitpunkt der Herzgeschwindigkeit nicht schlüssig. Wenn bei diesem Verzögerungen eine Wirkung existiert, 0 und 100 Millisekunden für nicht schlüssig. Wenn bei diesem Verzögerungen und eine statistische bedarf es einer größeren Zahl von Versuchen um diese Wirkung nachzuweisen und eine statistische Signifikanz zu erreichen.(...)

(S.511) Die Ergebnisse der Kontrollversuche zur Feststellung ob die Bestrahlung mit UHF Energie die Bedingung ist, um diese Wirkung hervorzurufen, zeigt, daß Bestrahlung notwendig ist. Wenn eine Abschirmung aus Echosorb zwischen Antenne und dem präparierte Herz gebracht wurde, war keine Auswirkung zu erkennen. (...)

(S.512) **Zusammenfassung**
Neuere Berichte zeigen, daß Bestrahlung mit UHF Energie das Herz und das zentrale Nervensystem beeinflussen. Isolierte Froschherzen wurden in dieser Untersuchung mit pulsmodulierter UHF Energie bestrahlt. Die Pulse wurden mit dem EKG synchronisiert um eine positive Rückkopplung des UHF hervorzurufen. Statistisch signifikante Veränderungen des Herzrhythmus wurden angebracht sind. Bestrahlung zurückgeführt. Es wurde erkannt, daß umfangreicher Forschungen angebracht sind.

http://www.totaliaer.de

Bezirksklinikum
Regensburg

Bezirk Oberpfalz

Bezirksklinikum Regensburg • 93053 Regensburg

An die
Gemeinschaftspraxis Drs. Höllein
Am Sand 9

94209 Regen

Auskunft erteilt   Dr. Landgrebe
Telefon   0941/941-0
                        0941/941-(0941) 941-1261
Durchwahl   0941/941-1262
Telefax
E-Mail
Unser Zeichen
Durchwahl
Ihr Zeichen
Regensburg, den   15.2.2005

Kutza, Hans-Peter, geb. 14.10.1944

Sehr geehrte Damen und Herren,

Ihr o.g. Patient hat an unserer Studie zur Untersuchung von subjektiven Beschwerden durch elektromagnetische Felder freiwillig teilgenommen. Im Rahmen der Untersuchungen wurden von uns verschiedene Blutparameter zur Messung des sogenannten "Allostatic Loads" (Fibrinogen, Albumin, Interleukin 6, HbA1c, TNF-alpha, DHEA-S) bestimmt. Der Allostatic Load gilt als Parameter für chronischen Stress und wird derzeit wissenschaftlich bezüglich seines prädiktiven Wertes einer eventuellen Verschlechterung des Gesundheitszustandes evaluiert. Bei Ihrem Patienten fand sich dabei eine Erhöhung des TNF-alpha Wertes auf 13 ng/l (Referenzbereich bis 8 ng/l). Alle weitere Parameter waren im Normbereich. Eine singuläre Erhöhung hat für sie keinen Krankheitswert, sollten sich jedoch in Ihren Unterlagen weitere Auffälligkeiten finden, ist eine weitere diagnostische Abklärung ggf. empfehlenswert.

Für evtl. Rückfragen stehen wir Ihnen selbstverständlich jederzeit zur Verfügung.

Mit freundlichen Grüßen

Dr. M. Landgrebe
Assistenzarzt

PD Dr. P. Eichhammer
Oberarzt

Entscheidung des Eigenbetriebs „Kliniken und Heime" des Bezirks Oberpfalz:
Werkleitung: Karl Hölupfl (Geschäftsführer)
Krankenhausdirektor: Prof. Dr. H. E. Klein (Ärztlicher Direktor),
K. Pschierl (Verwaltungsdirektor), E. Lcommer (Pflegedirektorin)
Bankverbindung:
Hypovereinsbank Regensburg BLZ 750 200 73, Konto-Nr. 8317100
Sparkasse Regensburg, BLZ 750 500 00, Konto-Nr. 1012020

Bezirksklinikum • Universitätsstraße 84 • 93053 Regensburg
Internet: www.bkr-regensburg.de
Sie erreichen die Bezirkskliniken mit dem Buslinien 6 und 11 als Haupteinfahrt.

89

ergebnisse führte das **Ecolog-Institut** Hannover unter der Leitung von Dr. H.P. Neitzke im Auftrag der Telekom durch. Im April 2001 ging es durch alle Medien. "Es gibt eine Reihe sehr ernst zu nehmender Befunde, dass Mobilfunkfelder krebsfördernde Wirkung haben, dass sich Krebs im Einfluss der Felder schneller entwickelt und fataler verläuft. Hinzu kommen Hinweise auf eine genotoxische Wirkung wie DNS-Brüche und Chromosomenschaden, so dass auch die direkte krebsauslösende Wirkung nicht mehr ausgeschlossen werden kann. Auf ein kanzerogenes Potenzial weisen auch die Störungen vieler Zellfunktionen hin, was besonders bedenklich stimmt. Beeinträchtigungen des Immunsystems sind vielfach nachgewiesen. Es wurde festgestellt, dass vermehrt Stresshormone ausgeschüttet werden mit allen Konsequenzen, die das haben kann. Die Auswirkung, die das alles auf den Organismus hat, können wir noch gar nicht abschätzen."

"Wir wissen sehr sicher, dass es zu Schäden an der **DNA** kommt und Stressproteine produziert werden." Prof. Dr. **Hans-Albert Kolb**, Leiter des Institutes für Biophysik der Universität Hannover und eines aus 14 Arbeitsgruppen aus sechs Ländern zusammengesetzten EU-Projektes, zur Klärung der Wirkung von elektromagnetischer Strahlung auf Zellen, Proteine und die Genexpression im März 2003. "Sind Zellen bereits geschädigt, dann wird diese durch den Einfluss der Strahlung nicht linear erhöht, sondern steigt um ein Vielfaches."

Längerer Gebrauch von Mobiltelefonen kann zu einer Verringerung der Produktion von **Melatonin** führen. Eine erhöhte Belastung durch elektrische Felder des Stroms kann diesen Effekt noch verstärken." So Prof. **JB. Burch** von der State University in Fort Collins/Colorado im November 2002. Das Hormon Melatonin schützt vor Krebs und regelt den Wach-Schlaf-Rhythmus. Zahlreiche Wissenschaftler weisen in den letzten 20 Jahren immer wieder darauf hin, dass elektromagnetische Felder durchaus alltäglicher Größenordnungen in den Melatoninhaushalt eingreifen und sehen hier einen wesentlichen Wirkmechanismus, der Zellentartung und Schlafstörung im Feldeinfluss erklärt."

"Bestrahlte Zellen wiesen etwa dreimal so viele DNA-Strangbrüche auf wie normale." Das Forscherteam um Prof. Dr. **Rudolf Tauber** vom Institut für klinische Chemie am Berliner Universitätsklinikum Benjamin Franklin im Mai 2003. Sie wiesen nach, dass Mobilfunkwellen der Intensität von 1,3 W/kg (Grenzwert: 2 W/kg) eine **Tumorbildung** initiieren und das **Erbgut** menschlicher Stammzellen verändern können.

"Die Exposition menschlicher Lymphozyten mit elektromagnetischen Feldern, die in Verbindung mit Mobilfunk stehen, führt zu chromosomaler Instabilität." Ein weiteres Ergebnis, diesmal von der Universität Tel-Aviv (Israel), Fakultät für Humangenetik und Molekularbiologie, Prof. Dr. **M. Mashevich** und Prof. **D. Folkman**. Sie publizierten in der Fachzeitschrift Bioelectromagnetics am 24. Februar 2003, dass für den

---

Deshalb reiche ich hiermit Beschwerde wegen Unterlassung von Ermittlungen illegaler Besendung durch Hochfrequenzstrahlung ein.

Mit freundlichen Grüssen

Peter Clutza

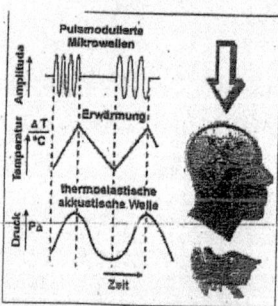

Abb. 1: Pulsmodulierte Mikrowellen verursachen eine lokale Erwärmung im Kopf, die zur Entstehung einer akustischen Welle führt. Diese akustische Welle wird von Haarzellen in der Cochlea aufgenommen und im akustischen Kortex verarbeitet.

Auf eine entsprechende Anfrage hat das Bundesjustizministerium schon im Schreiben vom 12. Juni 2001 folgendes mitgeteilt: Radionische Besendung ist dem Strafbestand nach, dem Mobbing zuzuordnen, wobei eine als „Mobbing" bezeichnete Verhaltensweisen aber nach geltendem Recht unter verschiedenen Gesichtspunkten strafbar ist ... So kommt der Tatbestand der Körperverletzung (§ 223 des Strafgesetzbuches – StGB) in Betracht, wenn das körperliche Wohlbefinden nicht nur unerheblich beeinträchtigt oder ein krankhafter Zustand hervorgerufen oder gesteigert wird. Es ist in der Rechtsprechung anerkannt, daß der krankhafte Zustand, der für eine Gesundheitsschädigung im Sinne des § 223 StGB erforderlich ist, auch durch eine psychische Einwirkung verursacht werden kann (Bundesgerichtshof in „Neue Zeitschrift für das Strafrecht" 1997, S. 123) ... Wird der Betroffene zu einer Handlung, Duldung oder Unterlassung mit Methoden, die als Ausübung von Gewalt oder Drohung mit einem empfindlichen Übel zu bewerten sind, kommt außerdem eine Strafbarkeit wegen Nötigung (§ 240 StGB) in Betracht. Für die Verfolgung und Ahndung dieser Straftaten sind die Strafverfolgungsbehörden (Gerichte und Staatsanwaltschaften) der Länder zuständig... Das Bundesministerium der Justiz

nen kurzen und starken elektromagnetischen Impuls. Die Statistik ist nicht beruhigend: Täglich werden zig Millionen SMS verschickt.

Im **ärztlichen Praxisalltag** verdichten sich die Hinweise auf gesundheitliche Probleme. Der Düsseldorfer Mediziner Dr. **Hans-Joachim Petersohn**: "Wir beobachten in unserer Praxis in den letzten Jahren zunehmend, dass die Patienten durch ihre Handybenutzung oder wenn sie nah an Mobilfunksendern wohnen, körperliche Beschwerden und klinische Symptome zeigen." Petersohn in 'Focus-TV' am 25. Mai 1997.

Rote Blutkörperchen zeigen sich im Mikroskop normalerweise losgelöst voneinander, "bei schwimmend, beweglich. Nach wenigen Minuten Handytelefonieren ziehen sich die roten Blutkörperchen an, verkleben miteinander, werden steif, sehen ähnlich aus wie **Froschlaich**, zeigen die so genannte **Geldrollenbildung**. Dadurch sind die Blutkörperchen in ihrer Funktion eingeschränkt, und der Sauerstofftransport ist vermindert. Wenn solche Blutkörperchen-Zusammenballungen in kleinste Gefäßverästelungen kommen, dann kann das Probleme bis hin zur Verstopfung geben, sprich Infarkt, Thrombose oder ähnliches."

In einem Internet-Info des **Bundesamtes für Strahlenschutz** berichten die amtlichen Strahlenschützer 1996 in einem Nebensatz ebenfalls von diesem Phänomen: "Kraftwirkungen auf Zellen des menschlichen Körpers wurden unter Laborbedingungen nachgewiesen. Rote Blutkörperchen reihen sich aneinander wie auf einer **Perlenschnur**."

Als wir von der Baubiologie Maes in unserem Messlabor für den Ökotest im Mai 1997 elektromagnetische Feldstärkemessungen an einem (angeblich strahlungsarmen) Handy durchführten, haben meine beiden Mitarbeiter und ich unser Blut vorher und nachher mikroskopisch untersucht. **Vorher**, also ohne Handystrahlung, völlig frei ten sich **alle** Blutkörperchen **normal**, losgelöst voneinander, eingeschwimmend. **Nach** den ungefähr einstündigen Messungen am eingeschalteten Handy waren ausnahmslos **alle** Blutkörperchen miteinander der '**verklebt**', ein ganz anderes Bild, nur noch Geldrollenbildungen.

Lange Selbstforschung betreiben viele Menschen, um immer sicherer zu werden, dass der Handysmog ihnen wahrhaft Probleme bereitet. So auch **Gro Harlem Brundtland**, Direktorin der **Weltgesundheitsorganisation** und ehemalige **norwegische Premierministerin**. Sie öffnet sich in der Zeitung 'Dagbladet' am 9. März 2002: "Ich reagiere auf Mikrowellen. Meine Sensibilität geht so weit, dass mich sogar Handys in der Umgebung von etwa vier Metern tangieren. Ich habe viele Tests gemacht. Es gibt keinen Zweifel. Die Kopfschmerzen, die ich von der Mobilfunkstrahlung bekomme, gehen meist erst nach einer halben bis einer Stunde nach der Exposition wieder zurück. Zurzeit haben wir noch nicht genug wissenschaftliches Beweismaterial, um eine endgültige Warnung auszusprechen. Aber ich verstehe jene Experten, die bereits mahnen. Da ist Grund genug, sehr vorsichtig zu sein."

Bei der Zulassung von Medikamenten gelten viel strengere Maßstäbe. Man befindet sich zurzeit in einem wissenschaftlichen Notstand." Dr. **Michael Repacholi**, Beauftragter der WHO zur Untersuchung der Gefahr von elektromagnetischer Strahlung, äußert sich auf dem internationalen Symposium 'Elektromagnetische Verträglichkeit EMC' in Zürich am 20. Februar 2003. Repacholi weist den Einwand, die Handyindustrie missbrauche die Bevölkerung als **Versuchskaninchen**, nicht von der Hand. Er gibt zu, dass der rasche Fortschritt und "ungestillte Hunger der Mobilitätsgesellschaft nach Neuerungen" eine Risikoüberprüfung vor der Einführung neuer Techniken "unpraktikabel macht".

Es ist zu früh, um anzunehmen, dass Handys sicher sind." So die Abteilung Strahlengesundheit der **US-Gesundheitsbehörde FDA** in der Story der Zeitschrift 'Max' über 'Machen Handys krank?' im Juni 2001.

Prof. Dr. **Günter Käs** von der Bundeswehruniversität: "Weil wir wegen unzureichender Forschungsergebnisse immer noch nicht genau wissen, welche Wirkungen von Handys und Basisstationen auf Mensch und Natur ausgehen, sollte man **doppelte Vorsicht** walten lassen. Keinem würde einfallen, mit dem Auto einen steilen Berg hinab zu fahren, wenn nur der geringste Verdacht auf defekte Bremsen bestünde."

Hans-U. Jakob, Kopf der Schweizer Bürgerinitiative 'Gigaherz', sorgt sich: "Da Mobilfunker die gleichen Träger- und Pulsfrequenzen benutzen wie die Gentechniker zum **Öffnen** und **Manipulieren** pflanzlicher, tierischer und menschlicher **Zellen**, ist zu befürchten, dass durch den Mobilfunk eine flächendeckende Erbgutveränderung stattfinden wird."

Dr. **Granger Morgan**, Elektrobiologe an der Carnegie-Mellon-Universität in Pittsburgh: "Wir haben genug geforscht, um festzustellen, dass es Probleme gibt, aber zu wenig, um sie lösen zu können. Wenn wir diese Angelegenheit nicht bald ankurbeln und vernünftige Antworten finden, werden wir eine sehr teure und **sehr chaotische Zeit** erleben."

Prof. Dr. **Leif Salford**, Neurologe an der Medizinischen Universität im schwedischen Lund, im September 2003: "Wir ertrinken in einem Meer an Strahlen. Die Belastung des Gehirns durch Handys ist das **größte Experiment der Menschheit**."

Zur Versachlichung der Diskussion" weist das **Bundesamt für Strahlenschutz** in einer Pressemitteilung vom 28. November 1997 mal wieder darauf hin, dass Handystrahlung im Körper "hauptsächlich in **Wärme umgewandelt wird**" und ansonsten **nicht schädlich** sein könne, zumindest "nach allem, was man bisher weiß". Um Gesundheitsschäden vorzubeugen ist es deshalb "die Aufgabe des Strahlenschutzes, übermäßige Erwärmung durch hochfrequente Strahlung zu vermeiden, vor allem im Kopfbereich." Übermäßige Erwärmung bedeutet für das BfS eine Temperaturerhöhung von über 1 °C. Wissenschaftler wie Prof. W.

Warum werden Summationen verschiedener Felder und Strahlen nicht beachtet? Warum nicht Wechselwirkungen mit Umweltrisiken klimatischer, toxischer oder anderer Art? Warum werden besonders schutzbedürftige Risikogruppen nicht bedacht? Warum nicht Alte, Sensible, Kranke, Kinder, Schwangere, Ungeborene? Warum bleiben Langzeiteinwirkungen unberücksichtigt? Wo ist der wirkliche Vorsorgeaspekt?

Was bedeutet Elektrosmog für unsere Umwelt? Wie werden Bäume, Seen, das Wetter, die Atmosphäre geschützt? Dr. Volkrodt, Dr. Varga, Dr. Neitzke und andere geben zu bedenken, dass natürliche Mikrowellen Feldstärken im Bereich weniger billionstel Watt aufweisen. Radar, Richt- und Mobilfunk, Radio und Fernsehen strahlen das tausend- bis millionenfache dessen durch den Äther und auf die Erde. Ein Mobilfunkhandy schafft das Milliardenfache in Kopfnähe.

Wenn Sie diese Verordnung aufmerksam lesen, dann werden Sie noch mehr Mogelpackungen und viele weitere Warum? finden.

Nein, Sie werden nicht warm, zumindest nicht sehr...

Die Bundesregierung übernimmt die Grenzwerte vom Bundesamt für Strahlenschutz BfS und der deutschen Strahlenschutzkommission SSK, die übernehmen sie von der WHO und die von der ICNIRP, einer internationalen Strahlenschutzkommission. Die ICNIRP ist ein privater Verein mit Sitz in München, dem Wissenschaftler und Industrieingenieure angehören. Zu den führenden Kräften der ICNIRP gehört Prof. Dr. Jürgen Bernhardt, ehemaliger Leiter des BfS und Mitglied der SSK.

1. Bei der Niederfrequenz wird angenommen, dass sich als Folge starker elektrischer oder magnetischer Feldeinflüsse von außen im Körperinnern akute Reizströme bilden. Werden die Körperströme bedrohlich hoch, gehen sie bereits in Richtung Nervenreiz, Muskelkrampf und Herzkammerflimmern, dann greift der Grenzwert früh genug, um akute Schäden zu vermeiden und Leben zu schützen.

2. Bei der Hochfrequenz geht man davon aus, dass sich ein Körper in den elektromagnetischen Funkwellen erwärmt, ähnlich wie es beim Mikrowellenherd der Fall ist, hält nur den thermischen Effekt für biologisch relevant. Geht die Erwärmung zu weit, auf Dauer über 1 °C, dann greift der Grenzwert, um das Schlimmste zu vermeiden, um zu verhindern, dass Körper oder Körperteile fiebrig werden.

Alle andere Wirkungen werden ignoriert, obwohl es sie gibt und die Wissenschaft immer neue Nachweise erbringt: Störungen der Zell-

kommunikation, der Hormonabläufe, der Gehirnströme, des Stoffwechsels, des Immun- und Nervensystems, gentoxische Effekte, Beschleunigung des Zell- und Tumorwachstums, Leukämie und andere Krebsarten, Hirntumore, Öffnung der Blut-Hirn-Schranke, Herz- und Kreislaufbeschwerden, Migräne und andere Schmerzen, Suizidtendenz, Depressivität, Aggressivität, Nervosität, Hyperaktivität, chronische Müdigkeit, Allergien, Schlafstörungen, Tinnitus, Demenz, Alzheimer...

Vergessen wir bei der Auseinandersetzung mit der Elektrosmogverordnung oder mit Behörden und der Industrie nie, dass es immer nur um die veraltete, naive oder gar gerissene Vorstellung von der Erwärmung des Menschen im Feldeinfluss geht. Wenn Sie das nächste Amt, den TÜV, DIN, VDE, die Forschungsgemeinschaft Funk oder die Telekom fragen: "Gibt es im Einfluss dieses Sendemastes neben meinem Haus irgendwelche Gesundheitsrisiken?", dann denken Sie wohl eher an Ihr Kopfweh und die schmerzenden Gelenke, das ständige Aufgedrehtsein, den schlechten Schlaf, brennende Augen oder Ihr leukämiekrankes Töchterchen. Sie bekommen aber die Antwort auf der fragwürdigen Basis von Merkels Meisterstück, der Elektrosmogverordnung: "Nein, überhaupt keine Gefahr, alles in Ordnung, alles unterhalb der Grenzwerte." Und seien die Messwerte noch so hoch, noch so biologisch bedenklich. Richtiger und fairer wäre die Antwort: "Nein, Sie werden nicht warm." Sie wissen jetzt: Alle anderen Risiken neben der Erwärmung werden nicht berücksichtigt, und Ihre Frage ist gar nicht beantwortet worden. Wenn es nur um körperliche Wärme ginge, warum sind dann Wärmflaschen und Saunagänge noch erlaubt?

Der ICNIRP-Vorsitzende Prof. Dr. Jürgen Bernhardt hat die Grenzwerte mitentwickelt und gesteht in den Medien ein: Zweifelsfrei verstanden und auch nachgewiesen haben wir lediglich die thermischen Wirkungen, und nur auf dieser Basis können wir derzeit Grenzwerte festlegen." An anderer Stelle berichtet er: "Einige Hochfrequenzfelder können die biochemische Informationsverarbeitung an der Zellmembran beeinflussen. Wie sich das auf die Gesundheit auswirkt, ist noch unklar. Es gibt auch Hinweise auf krebsfördernde Wirkungen." Prof. Jürgen Bernhardt im Fernsehen auf die Frage, warum Werte festgelegt werden ohne ausreichendes Wissen um die biologische Gefährlichkeit, und warum man diese nicht vorsichtshalber beim geringsten Anzeichen einer Gefahr senkt: "Dann wird der Standort Deutschland gefährdet. Wenn man jeder Hypothese nachgehen würde und Grenzwerte reduziert, dann macht man die Wirtschaft kaputt."

Prof. Dr. Fritz-Albert Popp brachte es Anfang 1996 auf den Punkt: "Wir müssen uns von der konventionellen Vorstellung, dass elektromagnetische Felder nur thermische Sensationen bewirken sollen, endlich lösen. Mit diesem einseitigen wissenschaftlichen Konzept der konservativen Schule kommen wir nicht weiter, um die existierenden biologischen Probleme durch elektromagnetische Felder zu erklären."

Wir beobachten in den letzten Jahren bei unseren Patientinnen und Patienten einen dramatischen Anstieg schwerer und chronischer Erkrankungen, insbesondere

- Lern-, Konzentrations- sowie Verhaltensstörungen bei Kindern (z.B. Hyperaktivität)
- Blutdruckentgleisungen, die medikamentös immer schwerer zu beeinflussen sind
- Herzrhythmusstörungen
- Herzinfarkte und Schlaganfälle immer jüngerer Menschen
- hirndegenerative Erkrankungen (z.B. Alzheimer) und Epilepsie
- Krebserkrankungen wie Leukämie und Hirntumore

Wir beobachten zudem ein immer zahlreicheres Auftreten von unterschiedlichen, oft als psychosomatisch fehlgedeuteten Störungen wie

- Kopfschmerzen und Migräne
- chronische Erschöpfung
- innere Unruhe
- Schlaflosigkeit und Tagesmüdigkeit
- Ohrgeräusche
- Infektanfälligkeit
- Nerven- und Weichteilschmerzen, die mit üblichen Ursachen nicht erklärlich sind

um nur die auffälligsten Symptome zu nennen.

Da uns das Wohnumfeld und die Gewohnheiten unserer Patienten in der Regel bekannt sind, sehen wir, speziell nach gezielter Befragung immer häufiger einen deutlichen zeitlichen und räumlichen Zusammenhang zwischen dem Auftreten dieser Erkrankungen und Symptome und dem Beginn einer Funkbelastung z.B. in Form einer

- Installation einer Mobilfunkanlage im näheren Umkreis
- intensiven Handynutzung
- Anschaffung eines DECT-Schnurlostelefones im eigenen Haus oder bei Nachbarn

Wir können nicht mehr weiter an ein rein zufälliges Zusammentreffen glauben, denn

- zu oft beobachten wir eine auffällige Häufung bestimmter Krankheiten in entsprechend funkbelasteten Gebieten oder Wohnungen
- zu oft bessert sich die Krankheit oder verschwinden monate- bis jahrelange Beschwerden in relativ kurzer Zeit nach Reduzierung oder Eliminierung einer Funkbelastung im Umfeld des Patienten
- zu oft bestätigen baubiologische Messungen außergewöhnlicher elektromagnetischer Funkintensitäten vor Ort unsere Beobachtung.

Aufgrund unserer täglichen Erfahrungen halten wir die 1992 eingeführte und inzwischen flächendeckende Mobilfunktechnologie und die seit 1995 käufliche Schnurlostelefone nach DECT-Standard für einen der wesentlichen Auslöser dieser fatalen Entwicklung! Diesen gepulsten Mikrowellen kann sich niemand mehr ganz entziehen. Sie verstärken das Risiko bereits bestehender chemischer und physikalischer Umwelteinwirkungen, belasten zusätzlich die Immunabwehr und können die bisher noch ausgleichenden Gegenregulationsmechanismen zum Erliegen bringen. Gefährdet sind besonders Schwangere, Kinder, Heranwachsende, alte und kranke Menschen.

Unsere therapeutischen Bemühungen um die Wiederherstellung der Gesundheit bleiben immer häufiger ohne Erfolg. Das ungehinderte Eindringen der Dauerstrahlung in Wohn- und Arbeitsbereiche, speziell in Kinder- und Schlafzimmer, die wir als äußerst wichtige Orte der Entspannung, Regeneration und Heilung ansehen, verursacht pausenlos Stress und verhindert eine grundlegende Erholung von Gesunden und Kranken.

Angesichts dieser beunruhigenden Entwicklung sehen wir uns verpflichtet, unsere Beobachtung der Öffentlichkeit mitzuteilen, insbesondere nachdem wir hörten, dass deutsche Gerichte eine Gefährdung durch Mobilfunk als "rein hypothetisch" betrachten (siehe Urteile des Bundesverfassungsgerichts Karlsruhe und des Verwaltungsgerichtshofs Mannheim vom Frühjahr 2002).

Was wir in unserem Praxisalltag erleben ist alles andere als hypothetisch. Wir sehen die steigende Anzahl chronisch Kranker auch als Folge einer unverantwortlichen Grenzwertpolitik, die, anstatt den Schutz der Bevölkerung vor den Kurz- und besonders Langzeitauswirkungen der Mobilfunkstrahlen zum Handlungsmaßstab zu nehmen, sich dem Diktat einer längst hinreichend als gefährlich erkannten Technologie unterwirft. Es ist für uns der Beginn einer ernst zu nehmenden Entwicklung, durch welche die Gesundheit vieler Menschen bedroht ist.

Wir lassen uns nicht länger vertrösten auf weitere, irreale Forschungsergebnisse, die erfahrungsgemäß oftmals von der Industrie beeinflusst werden, während beweiskräftige Untersuchungen ignoriert werden. Wir halten es für dringend erforderlich, jetzt zu handeln!

Als Ärzte sind wir vor allem Anwälte unserer Patienten. Im Interesse aller Betroffenen, deren Grundrecht auf Leben und körperliche Unversehrtheit derzeit aufs Spiel gesetzt werden, appellieren wir an die Verantwortlichen in Politik und Gesundheitswesen. Unterstützen Sie mit Ihrem ganzen Einfluss unsere Forderungen:

Neue gesundheitsverträgliche Techniken mit interessenunabhängiger Abwägung der Risiken speziell vor deren Einführung

heimer bis Krebs? Und wenn, wird das nicht deutlich gesagt? Warum hält man Menschen indirekt davon ab, sich in Anbetracht einer Gefahr selbstverantwortlich zu schützen, gibt ihr eher das vertrauensselige und nicht zutreffende Gefühl ausreichend geschützt zu sein?

Warum sollen die schon puls-pausen-gemittelten Effektivwerte nach den Ansprüchen der Verordnung zudem noch nicht über eine Zeit von 6 Minuten gemittelt werden? Was dabei rauskommt sind Mogelpackungen und führen neben der untertreibenden Effektivwertrechnung zu weiterer Unterbewertung. Die für biologische Rückschlüsse wichtige Spitzenbelastung, die schädigende Energie, welche dem Körper trifft, wird überhaupt nicht beachtet. Wenn man Angela Merkels Hand jede Minute für nur 5 Sekunden in kochendes Wasser hielte und daraus einen über 6 Minuten gemittelten Wert aus echter Belastung (5 Sekunden 100 Grad) und den dazwischen eingelegten Pausen (55 Sekunden Abkühlung) bilden würde, dann dürfte eigentlich nichts passiert sein, denn dann wäre das Wasser nach Berechnung á la Verordnung nur lauwarm. Warum also die Ministerin mit Blaulicht ins Krankenhaus fahren? Wenn man mit dem Maschinengewehr wild um sich schießen und einen rechnerischen Mittelwert aus der echten Gefahr (Kugeleinschlag) und den zwischen den Schüssen vorhandenen Pausen basteln würde, dann wären die mörderischen Waffen harmlos, hätten die Kugeln nur noch die Kraft schlapp aufklatschender Tomaten.

Das weiß sie alles, unsere Angela Merkel, die Physikerin auf dem Weg zur Bundeskanzlerin, und die anderen verantwortlichen Politiker auch, und trotzdem halten sie alle an den Grenzwerten fest, zur "Verfahrensvereinfachung und Investitionssicherheit der Industrie".

Was soll die Anmerkung, dass der Spitzenwert gepulster Felder sogar bis zum 32fachen der ungepulsten betragen darf? Das entspräche kaum zu glauben aber wahr, dem 1024fachen der sowieso schon viel zu hoch festgelegten Strahlungsstärke! Gerade diese niederfrequent gepulsten Felder gelten als biologisch besonders riskant! Aber eben nicht thermisch. Hier wird Thermik auf die Spitze getrieben.

Die Grenzwerte sind berechnet für Ganzkörperbelastungen. Die engstirnige thermische Sichtweise macht es möglich: Teilkörperbelastungen dürfen noch 25-mal stärker sein, z.B. mit dem Handy am Ohr oder dem WLAN-Notebook auf dem Schoß (wenn sie hierfür überhaupt gelten würden). Mittelwert zwischen heißem Kopf und kalten Füßen!

Warum wird diese spezielle Gefahr der gepulsten Strahlung (D- und E-Mobilfunknetze, DECT, WLAN, Mikrowelle, Radar...) nicht entsprechend berücksichtigt? Hier laufen weltweite Forschungen auf Hochtouren. Die bisher vorliegenden Ergebnisse der letzten 20 Jahre sind alarmierend und ausreichend für Rückschlüsse. Trotzdem wird weiter aufgerüstet, begünstigt durch die neue Elektrosmogverordnung.

Die Verharmlosungsstrategie wird zur dreisten Posse: Die Verordnung bedenke schließlich auch nichtthermische Probleme. So die Betreiber bei Bürgerversammlungen. So die Feststellung des Bundesgerichtshofes in seinem Urteil vom Februar 2004. Die Richter stützten sich auf die Stellungnahme der Strahlenschutzkommission, in den Grenzwerten wären biologische Effekte auch außerhalb der Wärmeentwicklung berücksichtigt. Verheimlicht wird, dass die Strahlenschutzkommission wie alle anderen verantwortlichen Gremien, hunderte von hochkarätigen wissenschaftlichen Arbeiten, die nichtthermische Probleme von DNA-Brüchen über EEG-Effekten bis hin zum Krebs fanden, ignorieren oder als nicht wissenschaftlich genug abtun. Keine einzige der vorliegenden Studien wird von ihnen akzeptiert, eben wegen der noch ausstehenden x-fachen Reproduktion oder der noch fehlenden endgültig schlüssigen Erklärung eines Wirkmechanismus. So einfach ist das und so schwer zu durchschauen: Wissenschaftliche Fakten ablehnen, und der allerletzte Beweis (aus deren Sicht!) angeblich noch aussteht, und unten, man berücksichtige alles. Wenn etwas noch gar nicht da ist, kann man es gut berücksichtigen. Das nicht enden wollende Spiel des nach allem, was man bis heute weiß", des 'bezogen auf das wissenschaftlich anerkannte' Fakt: Alle (!) nichtthermischen Effekte sind bis heute nicht anerkannt. Auf der Basis von Nichtakzeptanz bzw. Ignoranz wird behauptet, es würde berücksichtigt? Selbst der arg strapazierte Anspruch einer Vorsorge wird von den Strahlenschützern zurzeit noch rein thermisch gesehen, hat nichts mit biologischem Schutz vor möglichen nichtthermischen Gesundheitsschäden zu tun.

Warum fehlen in der Elektrosmogverordnung die elektrischen und magnetischen Gleichfelder komplett, die Elektrostatik und Magnetostatik? Sie sind Teil des Gesamtkomplexes Elektrosmog. Straßenbahnen fahren in Deutschland mit Gleichstrom und verursachen teilweise starke magnetische Felder. Sie sind nicht einmal erwähnt.

Warum wurden kritische Wissenschaftler, Politiker, Parteien und die Erkenntnisse der Baubiologie im Vorfeld der Grenzwertauseinandersetzungen nicht ernst genommen? Die Baubiologie kann viele Fallbeispiele liefern, die jene Grenzwerte sehr fragwürdig erscheinen lassen. Was die Baubiologie nach langen Jahren praktischer Erfahrung beizutragen fähig wäre, das hat einen hohen Stellenwert in Anbetracht der wenigen vorliegenden wissenschaftlichen Erkenntnisse. Warum wurden die konstruktiven Vorschläge des BUND nicht umgesetzt?

Wenn man die hochgesteckten Verordnungs-Grenzwerte im Alltag nirgendwo findet, warum haben wir sie dann?

Verschiedene Länder haben geringere Werte gefordert, z.B. Baden-Württemberg, Niedersachsen, Nordrhein-Westfalen, Hamburg... Warum wurden diese Länder nicht ernst genommen? Die Grünen und die SPD wollten ebenfalls niedrigere Werte und wurden nicht gehört.

Der Missbrauch psychophysischer Waffen an Menschen wird seit Jahren immer umfangreicher, was Veröffentlichungen im Internet bestätigen:

STOPPT ELEKTRONISCHE WAFFEN - STOPPT GANG STALKING MINDCONTROL FOLTER

Dies sind Technologien die von internationalen Geheimdiensten benutzt werden. Die Aussagen von Edward Snowden über die NSA-Spionage, die uns alle betrifft, ist nur die Spitze eines Eisbergs.

Diese Waffen werden verwendet, um ihre Opfer zu manipulieren, handlungsunfähig zu machen, zu Foltern und zu Morden. Dies sind Verbrechen gegen die Menschlichkeit.

Elektronische Waffen sind der Terror des 21. Jahrhunderts, sie werden seit über einem Jahrzehnt von Geheimdiensten eingesetzt.

GANG STALKING, auch (staatlich) Organisiertes Stalking genannt, ist eine von Geheimdiensten benutzte Methode, um Menschen zu eliminieren.

Ziel des Gang Stalking ist es, das Opfer psychisch oder physisch zu vernichten. Zunächst werden gängige Techniken verwendet, das Opfer jede Sekunde des Tages zu überwachen, in einem späteren Stadium werden Elektronische Mikrowellen Waffen verwendet um das Opfer zu verbrennen, zu foltern. Mit Hilfe von elektronischen Waffen, ist es einfach Menschen zu ermorden. Dies hat nichts mit Staatssicherheit zu tun - denn es ist Mord.

Nicht nur Whistleblower und Regierungsgegner sondern auch tausende von normalen Einwohnern werden von Geheimdiensten die diese Waffen verwenden und verbreiten, weltweit attackiert.

Das Thema E-Waffen ist in den USA längst kein Tabu mehr. Es stellt sich die Frage welche Waffen dieser Art von staatlichen Institutionen wie Geheimdiensten und Spezialpolizei benutzt werden. Schließlich ist hier die technische Entwicklung der zivilen Forschung um Jahre voraus. Es ist also sehr wahrscheinlich dass den sogenannten Sicherheitsorganen noch ganz andere und deutlich weiter entwickelte Technik zur Verfügung steht.

Die deutsche Waffenfirma Rheinmetall wirbt auf ihrer Webseite für eine Mikrowellenwaffe, die in Autotüren eingebaut werden kann, und so auch für den mobilen Einsatz tauglich ist.

Mit Hilfe dieser Waffen werden Menschen zu Freiwild und Opfer von Willkür von sich "berufen" fühlenden Waffenbesitzern, dies muss verboten werden.

Aus dem Buch Freiheit nehmen lässt sich entnehmen, dass vier Bereiche
dokumentiert sind die nicht mißachtet werden können:

1. Die Entwicklung und Verwendung sogenannter "nicht-letaler" Waffensysteme und ihre Auswirkungen auf demokratische Gesellschaftsformen.

2. Eine offene Diskussion über Technologien, die vom Militär entwickelt und ausgebaut werden und die eine grundlegende Wirkung auf die -
physiologische, emotionale und mentale Gesundheit des Einzelnen haben
werden.

3. Ein Überblick und eine offene Diskussion über neue Technologien,
die ernst zu nehmende Auswikungen auf die Umwelt unseres Planeten hab-
en werden.

4. Ein Blick von einander unabhängig existierende, aber möglicherweise
gefährliche Technologien, die entweder bereits entwickelt wurden oder
deren Entwicklung von Militärplanern bald erwartet wird.

Was bisher vom Militär nur in Andeutungen bekannt gegeben wurde, sind
Waffen, die auf unsere energetischen Systeme einwirken - Lebenssysteme
die dafür zuständig sind, dass unser Leben und unsere mentalen Prozesse
funktionieren. Diese neuen Waffen sind anders als alles, was je von der
Menschheit erdacht wurde. Es sind Waffensysteme, die die Unversehrtheit
des Menschen angreifen.

Eines der aufschlussreichsten Dokumente, die wir in Bezug auf diese neu-
en Technologien gefunden haben, wurde vom Scientific Advisory Board der
Air Force ausgearbeitet.
"Man kann sich die Entwicklung elektromagnetischer Energiequellen vor-
stellen, deren Leistung gepulst, umgeformt und fokussiert werden kann,
die sich mit dem menschlichen Körper in einer Weise koppeln lassen,
dass es einem möglich wird, willkürliche Muskelbewegungen zu verhindern,
Emotionen (und damit Handlungen) zu kontrollieren, Schlaf zu erzeugen,
Suggestionen zu übermitteln, das Kurzzeit- und Langzeitgedächtnis zu
beeinflussen, eine Erlebniswelt zu erzeugen und zu löschen."

Der Körper ist jedoch nicht nur in Gefahr, getäuscht, manipuliert oder
falsch informiert zu werden, sondern auch blockiert oder zerstört zu
werden - so wie es jedem anderen Datenverarbeitungssystem passieren
kann. Die Daten die der Körper aus externen Quellen erhält - durch elektromagnetische Wellen, Vortexwirbel oder akustische Energiewellen -
oder durch seine eigenen elektrischen oder chemischen Stimuli erzeugt,
können manipuliert und verändert werden, so wie die Dateninformationen
in einem Hardwaresystem verändert werden können.

Anmerkungen zum Krieg um das Bewußtsein - Psychotricks - Medien

Schon der Autor Jim Keith beschrieb in "Bewusstseins Kontrolle" die
erfolgreichsten Methoden für die Manipulation von Menschen. Die Massenmedien werden mit dem gleichen Ziel eingesetzt die High-Tech-Netz-
werke zur elektronischen Beeinflussung benutzen. Invasionsmäßige Kon-
trolltechniken sind so fein eingestellt worden, daß die Kontrolleure
praktisch fähig sind, in unsere Köpfe hineinzugelangen und uns zu bestimmen. Auch die Möglichkeit der biochemischen Bewußtseinskontrolle
und das genetische Herumpfuschen am Menschen ist machbar geworden.

Die Digitalisierung geht einher schleichenden Veränderungen der Wahrnehmung, unseres Denkens, unseres Selbstverständnisses. Datenströme
in Echtzeit, Künstliche Intelligenz und Dauerüberwachung.
Dadurch wird nichts so bleiben, wie es war, von dem zerstörerischen
Potential bleibt die Demokratie nicht ausgenommen. Schon die Dauerüberwachung der Menschen ist mit Demokratie nicht vereinbar.

"Hier findet bereits Verfassungsbruch und Menschenrechtsbeugung statt"

Die Souveränität, die Selbstbestimmung des Betroffenen wird durch ein
prädizierendes staatliches Handeln massiv beschränkt. Das hat mit unserem Rechtsstaatsverständnis nichts mehr zu tun.

Ein Aspekt der "Informations-Kriegsführung" wurde bereits im Rahmen
des Projekts 'Grill Flame' am Stanford-Forschungsinstitut in Langley
verfolgt. "Längerer Stress aus der Umgebung oder Lebenssituationen,
die gründlich vom Gewohnten abweichen, können die normalerweise inte-
grativen Funktionen der Persönlichkeit zerstören. Personen, die solchen Kräften unterworfen sind, passen sich vielleicht durch Dissozi-
ationen an, indem sie eine veränderte Persona oder eine Pseudo-Iden-
tität entwickeln."

Aus den CIA-Experimenten ging eine ganze Skala von Projekten hervor.
1997 erhöhte die Air Force ihren Einsatz in der Sache der Nicht-Töd-
lichkeit - und Bewußtseinskontrolle - und schuf die Position des Stel-
lvertretenden Direktors für Informationswesen. Weit entfernt von einer
PR-Position, nach der es klingt, ist es in der Tat eine Abteilung für
"offensive Informations-Kriegsführung",

In 'Vision 2020' heißt es: "Biologische und chemische Technologien
werden fähig sein, Gentechnik, chemische und Chip-Implantate anzuwen-
den, um menschliches Verhalten zu verändern - welches ein gesellsch-
aftlich unannehmbares Verhalten zeigen...

Es wirkt wie eine schleichende Entmündigung was man über Freihandelsabkommen und Digitalisierung der vollüberwachten Bevölkerung feststellen kann - der total gegängelte und benutzte Volkskörper.

Mit dem Treibenlassen der Machtbefugnisse, durch die in unserer Gesellschaft immer mehr dominierenden Konzerne, und der Abhägigkeit der
Parteien über den verbreiteten Lobbyismus von diesen - wurden die Be-
völkerungsrechte immer mehr eingeschränkt.

Dies ist auch in den Medien spürbar geworden, wo zB. zunehmend minder-
wertiges Allgemeinprogramm oder bewußt gesteuerte Nachrichtenaussagen
um 'eine entsprechende Bewußtseinsbildung bemüht sind, die einen ab-
hängigen Konsumenten mit wenig Kritik erreichen wollen.'

Wie man über Jahrzehnte hinweg nachprüfen kann, geschieht dies auch
mit Erfolg was an der heutigen Gesellschaftsstruktur auch gut erkennbar ist. Deshalb kommen die offenkundig wirklichen systembedingten
Gesellschaftsprobleme bei den breiten Massen nicht mehr richtig an.

Die modernen IT-Techniken haben die Massen ebenfalls überrollt. Das
Bewußtsein der jüngeren Generationen richtet sich vorwiegend in diese
Richtung - wobei eine Analyse der wirklichen Zusammenhänge kaum mehr
stattfindet. Ein Abdriften wie gewünscht ist feststellbar und setzt
sich politisch immer mehr durch, weshalb erst nach erkennen von Fehl-
entwicklungen ein gewisser Protest zustande kommt.

Eine dringend nötige vorherige Bestandsaufnahme ist seitens der An-
bieter ja auch nicht gewollt um die Schattenseiten des heutigen Wirt-
schftsfeudalismus nicht bloßzustellen und damit die entstandene Hier-
archie des Großen-Geldes dem Zweifel der Bevölkerung auszusetzen.

Als Beispiel kann man hier die Tatsache erwähnen, dass die wenigen -
extrem Superreichen - in etwa über das Geldvermögen der Hälfte der
Weltbevölkerung verfügen. Das soll aber nicht als Hauptproblem er-
wähnung finden, sonst würde eine berechtigte Systemkritik zu sehr
die Öffentlichkeit beschäftigen.

Zum weiteren Problem der "Privatisierung" bleibt noch zu erwähnen -
das der französische Präsident Emmanuel Macron sein Sozialprogramm
präsentiert, in dem Einschränkung der Arbeitnehmerrechte und Streich-
ung von 100.000 Stellen im öffentlichen Dienst, wie auch weitgehende
Streichungen der Vermögenssteuer und ein Ausnahmezustand Gesetz wird.

Bundesministerium des Inneren (BMI)
Herrn Minister Dr. Thomas de Maizière
Alt-Moabit 101 D

10559 Berlin

18.10.16

Strahlenterror in der BRD / Verdacht auf Mord mit elektromagnetischen Waffen

Sehr geehrter Herr Minister,

Zur Kenntnisnahme
an alle Betroffenen
Bitte nicht weiterleiten!

Gegenstand des vorliegenden Schreibens ist der **illegale Einsatz sogenannter nichtletaler Waffen**[1] **gegen die Zivilbevölkerung der Bundesrepublik Deutschland.**
Immer wieder haben sich hiervon betroffene Bürgerinnen und Bürger an das von Ihnen geleitete Innenministerium gewandt – bis heute leider vergeblich. Dies, obwohl der Einsatz dieser Waffentechnik in dem vom BMI publizierten Zweiten Gefahrenbericht aus dem Jahr 2001 seine Beschreibung findet und vor einem „vermehrten Einsatz" in der „Zukunft" sowie vor einer „Gefährdung der öffentlichen Ordnung" durch „,Elektromagnetischem Terrorismus'" ausdrücklich gewarnt wird.[2]
Zehn Jahre später, im Vierten Gefahrenbericht der Schutzkommission beim Bundesministerium des Innern vom 30.05.2011, ist von einer „Gefährdung der öffentlichen Ordnung" durch elektromagnetische Waffen keine Rede mehr. Es wird lediglich auf „Gefahren durch den (nuklearen) Elektromagnetischen Impuls (EMP)" Bezug genommen, der „elektronisch gestützte Maschinen und Systeme stören oder zerstören" könne (S. 31). Eine analoge Wirkung auf die moderne Elektronik wird Hochleistungsmikrowellen zugeschrieben (ebd.).
Diese – gegenüber dem Zweiten Gefahrenbericht vom Oktober 2001 deutlich verkürzte – Darstellung ist unvollständig. Sie lässt unerwähnt, dass bestimmte Strahlenwaffen wie Mikrowellenwaffen, elektromagnetische Waffen und Laserwaffen nicht allein gegen Maschinen und elektronische Geräte, sondern **auch und gerade als** *Antipersonenwaffen* **eingesetzt** werden, wie zum Beispiel der folgende, für das Rote Kreuz verfasste Beitrag belegt:

> David G. Guyatt: Some Aspects of Anti-Personnel Electromagnetic Weapons. A synopsis prepared for the International Committee of the Red Cross Symposium ‚The Medical Profession and the Effects of Weapons' presenting a medical and humanitarian perspective on the use of EMP weapons.

Auch die rechtswissenschaftliche Dissertation „Nichtletale Waffen im Kriegsvölkerrecht" von Hans Wolfram Kessler weist nach, dass die genannten Strahlenwaffen als Biowaffen einsetzbar sind,[3] u.a.

---

[1] Zur problematischen Bezeichnung des Waffentyps vgl. Hans Wolfram Kessler: Nichtletale Waffen im Kriegsvölkerrecht. Berlin 2013, S. 22: „Waffen als nichtletal zu bezeichnen, ist […] sehr umstritten. Der Begriff wurde sowohl als Euphemismus, als auch als Oxymoron gerügt."
[2] Auf S. 39 des Zweiten Gefahrenberichts heißt es: „HPM[High Power Microwave]-Waffen können im Gegensatz zu NEMP[nuklearen Elektromagnetischen Impuls]-Waffen relativ einfach und ohne aufwendige Kosten von Zivilpersonen aus handelsüblichen Komponenten gefertigt und zu Sabotage- und Erpressungszwecken eingesetzt werden. Es wird in diesem Zusammenhang bereits von ‚Elektromagnetischem Terrorismus' gesprochen, der zu einer Gefährdung der öffentlichen Ordnung führen kann. Im militärischen Bereich ist die Einsatzfähigkeit ähnlicher Waffen bereits hergestellt. Beiden Kategorien von Waffen ist eine leichte Verbringbarkeit sowie eine geringe Eskalationsstufe im Konfliktfall gemeinsam, so dass die Experten in Zukunft von einem vermehrten Einsatz ausgehen" (zit. nach Prof. Dr. med. Karl Hecht: http://www.puls-schlag.org/download/hechtgrenzwertekiint20090109.pdf (ab S. 56)).
[3] Ebd., S. 117 f. Vgl. außerdem folgende Beiträge und Dokumente:
Institute of Science in Society: Bio-electromagnetic Weapons: The ultimate Weapon (Global Research 29.05.07)

mit der Funktion von „Bioregulatoren", die „Vitalfunktionen wie Herzschlag und Atmung", „Körpertemperatur", „Stimmungen" und „Immunreaktionen" beeinflussen können.[4] Schnelle Todesarten wie Herzinfarkt oder Hirnschlag, aber auch tödliche Krankheiten wie Krebs können auf diese Weise ausgelöst werden – wobei der größte ‚Vorteil' bzw. die größte Gefahr darin besteht, dass keine Fremdeinwirkung nachweisbar ist, so dass letale Anwendungen der betreffenden Strahlenwaffen hinter vorgeblich natürlichen Todesursachen verborgen bleiben.

„Großes Potential wird militärisch eingesetzten Neurotransmittern zugeschrieben, mit denen sich nahezu jede Form menschlicher Emotionen künstlich erzeugen lassen soll. Besonders umstritten sind Bioregulatoren, die potentiell den Geisteszustand der gesamten feindlichen Bevölkerung manipulieren könnten."[5]

Aber auch der „innerstaatliche Einsatz nichtletaler Waffen" ist mit größter Sorge zu betrachten:

> „Sowohl als Mittel der Kontrolle, Unterdrückung, Manipulation und Folter bieten innovative NLW völlig neue Möglichkeiten."[6]

Wie zahlreiche Internet-Berichte betroffener Zielpersonen (sogenannter *targeted individuals*) bezeugen, ist der **innerstaatliche Einsatz nichtletaler Waffen bereits Realität**.[7] Die Betroffenen sind lückenloser Totalüberwachung sowie kontinuierlichem (24/7) Strahlenterror ausgesetzt und erleiden Schlafentzug, neurophysiologische Manipulationen, sexuellen Missbrauch, Schmerzen und schwere gesundheitliche Schädigungen. Zahlreiche Betroffene haben sich an örtliche Polizeidienststellen oder zuständige Justizbeamte gewandt und Anzeige erstattet. Uns ist nicht ein einziger Fall bekannt, in dem die Behörden eine Ermittlung eingeleitet hätten; die von den Betroffenen nachgewiesenen Strahlenexpositionen – darunter Expositionen von Gamma-, Laser- und Radarstrahlung – wurden ignoriert.

Bereits 1999 hatte der EU-Parlamentsbeschluss B4-0551/95 vor den Folgen des missbräuchlichen Einsatzes von *non lethal weapons* gewarnt und das Verbot jeglicher Waffen gefordert, die auf die Manipulation des menschlichen Nervensystems abzielen. Außerdem wurde der Ansicht Ausdruck verliehen, „daß der Geheimhaltung in der militärischen Forschung entgegengewirkt und das Recht auf Offenheit und demokratische Prüfung militärischer Forschungsprojekte gestärkt werden muß" (EU-Parlamentsbeschluss B4-0551/95, Absatz 21).

„Die Bezeichnung *non lethal weapons* tauchte bereits in den sechziger Jahren in damals geheimen Dokumenten der CIA auf."[8] Seither wurde die Geheimhaltung dieser Waffen zwar ansatzweise suspendiert, im Kern aber aufrechterhalten. „Informationen zu nicht-nuklearen EMP-Waffen [Elektromagnetischen Impuls-Waffen] sind kaum zugänglich und unterliegen in der Regel strenger Geheimhaltung", schreibt der Rechtswissenschaftler Hans Wolfram Kessler in seiner Frankfurter Dissertation.[9] Im Sinne dieser Geheimhaltungs-Politik werden Zivilpersonen, die den illegalen Einsatz von *non lethal weapons* bezeugen, in vielen Fällen unter Psychoseverdacht gestellt bzw. einer Zwangspsychiatrisierung und Zwangsbetreuung unterzogen.

Anna Maria Kellner: Widerstand ist zwecklos. Wie das Militär den Angriff auf unseren freien Willen probt (Internationale Politik und Gesellschaft 26.10.15)

Volker Bräutigam: Gegen das Volk gerüstet (Ossietzky) www.nrhz.de/flyer/beitrag.php?id=13679

US Patent 5356368A Method and Apparatus for Inducing Desired States of Consciousness. 01.03.1991. Robert A. Monroe, Interstate Industries, Inc.

US Patent 3951134 Apparatus and Method for Remotely Monitoring and Altering Brain Waves. 20.04.1976. R. G. Malech.

[4] Hans Wolfram Kessler: Nichtletale Waffen im Kriegsvölkerrecht. Berlin 2013, S. 69.

[5] Ebd.

[6] Ebd., S. 190.

[7] Zu den Zeugnissen internationaler *targeted individuals* vgl. u.a. folgende Links und Beiträge:
http://washingtonsblog.com/2016/03/american-public-informs-president-obamas-commission-study-bioethical-issues-ongoing-non-consensual-human-experimentation-usa-today-html
Mojmir Babacek: Psychotronic and Electromagnetic Weapons: Remote Control of the Human Nervous System (Global Research 31.01.13 / 16.03.14)
Helmut Höge: Elektromagnetische Wellen. Ein Leben mit Gehirnwäsche (taz 08.11.15)
https://de.scribd.com/doc/61126419/Strahlenterror-Deutsche-Betroffene-1-Strahlenfolter

[8] Hans Wolfram Kessler: Nichtletale Waffen im Kriegsvölkerrecht. Berlin 2013, S. 21.

[9] Ebd., S. 116.

Die **121 unbescholtenen Staatsbürgerinnen und Staatsbürger der BRD**, die in der Liste der Anlage aufgeführt sind, waren bzw. sind Opfer von **Terrorverbrechen durch illegalen Einsatz nichtletaler Waffen**.

Für die Lebenden besteht eine **akute Gefährdung**.

Für die eingetragenen Personen, die bereits ums Leben gekommen sind, besteht der dringliche Verdacht, dass sie mit Strahlenwaffen ermordet bzw. in den Suizid getrieben wurden.

Die Liste ist keineswegs vollständig; nur ein Bruchteil der einschlägigen Zielpersonen ist uns namentlich bekannt.

Sehr geehrter Herr Minister, wir fordern Sie auf, persönlich Sorge für die Aufklärung dieses ungeheuerlichen „„Elektromagnetischen Terrorismus'" (Zweiter Gefahrenbericht) zu tragen und die Täter mit aller Entschiedenheit ermitteln zu lassen. Es darf für derart schwere Straftaten keinen Geheimnisschutz geben! Außerdem erwarten wir konkrete Schritte gegen die beschriebene Erscheinungsform Organisierter Kriminalität.

<u>Jedes Mal, wenn eine der noch lebenden Personen anliegender Liste unserer Befürchtung gemäß zu Tode kommen wird, werden wir Sie davon in Kenntnis setzen und an Ihre Verantwortung appellieren.</u>

In Erwartung Ihrer Antwort,
mit ausgezeichneter Hochachtung,
im Namen der Betroffenen anliegender Liste

Sandra Kluwe
Helmut Michael

Die nachfolgend aufgeführten unbescholtenen Staatsbürgerinnen und Staatsbürger der BRD waren bzw. sind Opfer des illegalen Einsatzes nichtlegaler Waffen. Es besteht der dringliche Verdacht, dass diejenigen aufgeführten Personen, die bereits ums Leben gekommen sind, mit Strahlenwaffen ermordet bzw. in den Suizid getrieben wurden. Die Liste ist keineswegs vollständig; nur ein Bruchteil der einschlägigen Zielpersonen ist uns namentlich bekannt.

Wir fordern Sie auf, persönlich Sorge für den Schutz der betroffenen Bürger/innen zu tragen und die entsprechenden Maßnahmen zu ergreifen. Außerdem erwarten wir konkrete Schritte gegen die beschriebene Erscheinungsform organisierter Kriminalität.

Jedes Mal, wenn eine der aufgelisteten Personen unserer Befürchtung gemäß ums Leben kommen bzw. in den Suizid getrieben werden wird, werden wir Sie davon in Kenntnis setzen und an Ihre Verantwortung appellieren.

- Markus Bott (* ####, † 11.07.09, zuletzt wohnhaft in ##)
- Martin Bott (* ####, Adresse ##)
  www.totalitaer.de
- Harald Brems (* ####, Adresse ##)
  www.e-waffen.de
- Dr. Susanne Büchner (* ####, Adresse ##)
- Frank Ebert (* ####, Adresse ##)
- Ruth Gill (* ca. 1954, † 2015, zuletzt wohnhaft in Bolivien)
- Martin Grimmer (* ####, Adresse ##)
- Pfarrer Carsten Häublein (* August 1957, † Februar 2013, zuletzt wohnhaft in ##)
- Helmut Michael (* ####, Zaschbergstraße 15, 07973 Greiz)
  http://www.youtube.com/watch?v=oMqWfh7TZhl
- Kavyar Khatareh (* ####, Adresse ##)
- Dr. Sandra Kluwe (* 05.03.1975, Langgewann 5, 69121 Heidelberg)
- Peter Kutza (* ####, St.-Anton-Straße 14, 94209 Regen)
  Peter Kutza: Strahlenschädigung. Norderstedt 2011. 4 Bde
- Jochen Lambert (* ####, Adresse ##)
  ## Link auf cruchot-Seite
- Waldemar Lotz (* ####, Adresse ##)
- Dr. Reinhard Munzert (* ####, Adresse ##)
  mikrowellenterror.de
- Dr. med. Franziska Sch## (* ####, Adresse ##) (Zahnärztin, genauer Name und Kontakt über Jochen Lambert)
- Georg Pikna (* #### 1960, Adresse ##)
- Svetlana Shunin (* ####, Adresse ##)
  www.psychophysischer-terror.com
- Christian Welp (* ####, Adresse ##)
- Ingrid Weese (* ####, † 2015, zuletzt wohnhaft in ###)
- Detlef Zeiler (* ####, Adresse ## Heidelberg)
- Detlef Zimmermann (* ####, Adresse ##)
- Jürgen Zimmermann (* ####, Adresse ##)

In Erwartung Ihrer Antwort,
hochachtungsvoll,

b. w.

Datenschutzbeauftragter berlin

Kennen Sie die Gefahrenberichte der Schutzkommission beim
Bundesinnenminister?

Dieser kommt alle 4 Jahre heraus. Das erste Mal 1996 (unter Innenminister
Kanther), dann 2001
(unter Innenminister Schily), dann 2006 (unter Innenminister Schäuble),
dann 2011 (unter Innenminister Lothar de Maiziere).
In diesen Gefahrenberichten, die der Öffentlichkeit kaum bekannt sind,
werden unter 2.5 auf die Gefahren durch starke elektromagnetische
Felder aufmerksam gemacht. Diese Gefahren werden "E"-Gefahren genannt und
hierbei zwei Gefährdungen entdeckt: Den Nuklearen
ElektroMagnetischen Puls (daher NEMP), der aus einer Kernwaffenexplosion
entsteht und zugegebenermaßen in Deutschland nicht
ausgelöst oder kaum ausgelöst wird.

Weiterhin werden die "High Power Microwave", d.h. die hochfrequenten
Mikrowellen genannt, deren Bedeutung angeblich relativ jung
sein sollen. Tatsächlich sind die Mikrowellen erst im letzten Jahrhundert
entdeckt worden, während andere elektromagnetische Strahlen
bereits im 19. Jahrhundert durch H. Hertz und Röntgen (auch EM-Strahlen)
offiziell entdeckt wurden. Von diesen HPM-Quellen gehen nach
den Gefahrenberichten eine zunehmende Gefährdung elektronischer Systeme
aus, da elektronische und elektrische Systeme (Computer,
Fernseher, Auto, Flugzeug, Licht, sämtliche elektronischen Klein- und
Großgeräte usw.) durch die HPM-Quellen gestört und zerstört werden
können. Das kann bedeuten, dass in Ihrem Haushalt von der
batteriebetriebenen Uhr bis zu Küchengeräten über das Licht, den
Fernseher,
die Alarmanlage, der Staubsauger einfach a l l e s gestört oder
zerstört werden kann.

Die Gefahrenberichte warnen nicht nur davor, sondern nennen deutlich den
Terror, der durch den "elektromagnetischen Terrorismus" durchgeführt
werden kann und der die Bürger in Deutschland bedroht.

Wenn es nur das wäre, wäre es bedrohlich genug, weil nicht nur der
Privathaushalt völlig durcheinander geraten kann, sondern auch die
öffentlichen
Einrichtungen der Energieversorgung. Solche Sabotageakte sind in
Deutschland bisher nicht häufig zu verzeichnen gewesen. Es werden durch
die
elektromagnetischen Terroristen jedoch nicht nur die elektrischen und
elektronischen Geräte zerstört und gestört, sondern auch die Gesundheit
der
Bürger durch Bestrahlung aus der Nachbarschaft, zumindest soweit es sich
um Mikrowellenbestrahlung handelt, denn die Gefahrenberichte sagen, dass
die HPM-Quellen über eine relativ kurze Reichweite verfügen. Man hat sich
bereits vor 100 Jahren in Deutschland, Russland und den USA mit den
krankmachenden Strahlen befasst und Dr. Jay Goldstein hat annähernd 60
Krankheitssymptome gefunden, die typisch für Strahlenkrankheiten sind.
Dazu gehören Tinnitus, Zahnerkrankungen der verschiedensten Art, schwere

Seite 1

Muskelerkrankungen, Fibromyalgie, hoher Blutdruck, Karpaltunnelsyndrom
usw. usw. Alle diese Krankheiten können vom Arzt nicht geheilt werden,
trotz manchen Versuchen und manchen Behauptungen. Sie können nicht
geheilt werden, weil es sich nicht um Krankheiten handelt, sondern um
Strahlensymptome.

Zu den elektromagnetischen Strahlen gehören natürlich a l l e angeblich
nicht-tödlichen Strahlen, nicht nur die Mikrowellen. Das
elektromagnetische
Spektrum geht von 0 Hz (Hertz) bis etwa 30 GHz (Gigahertz) und dann
weiter in den radioaktiven Bereich mit Zehnerpotenzen, beginnend mit der
Infrarotstrahlung, die erst bei 10 hoch 11 beginnt. Die Potenzen 0-10
gelten wahrscheinlich für die sogenannten nicht-tödlichen Strahlen. Alle
diese
Frequenzen des elektromagnetischen Spektrums besitzen auch eine
Wellenlänge, nämlich wie weit sie reichen. Das soll bei den radioaktiven
Strahlen
sehr kurz sein, bei den niedrigfrequenten Strahlen, zu denen die
ELF-Wellen zählen, sehr sehr weit. Diese können angeblich bis zu 1.000 km
die Menschen
bestrahlen. Alle diese Fakten stehen in den Büchern von Fosar und
Bludorf, zwei Berliner Wissenschaftlern (Im Netz der Frequenzen. Die
ELF-Wellen gelten
wegen ihrer großen Reichweite als gefährlich, aber auch weil sie von
unserem Gehirn g u t aufgenommen werden.

Diese Beschreibung betrifft jedoch nur die (quasi) Oberfläche der
elektromagnetischen Strahlen, die elektrisch und magnetisch sind.
Sie betrifft nicht den Kern dieser Strahlen, denn der hat eine zusätzlich
gefährliche und sehr ungewöhnliche Wirkung, die von der Schulphysik geleugnet wird. Dieser innere Kern wirkt g r a v i t a t i v und das
heißt physikalisch betrachtet "anziehend" und "abstoßend". Weshalb beides
möglich ist,
kann hier nicht näher erläutert werden. Es hat mit Anziehungskraft
einerseits, aber auch mit der Abstoßung durch Druck zu tun, die von
Einstein "inflationäre
Kosmologie" genannt wird.

Die Wirkung dieser gravitativen Energie, die zusammen mit der
elektromagnetischen Energie Elektrogravitation genannt wird, ist jedoch
ungewöhnlich und
für konservative Geister nicht glaubhaft, denn diese Energie nimmt
Informationen auf und gibt sie ab. Gleichgültig um welche Informationen
es sich handelt.
Sie ist somit zusätzlich biologisch wirksam. Es kann sich beispielsweise
um Krankheitsinformationen handeln, aber auch um das Gegenteil davon. Das
heißt, dass
diese Strahlen auch die Krankheit wieder verschwinden lassen kann.
Insofern kann man mit dieser Energie einen Menschen erkranken lassen
oder eine sofort tödliche Krankheit wie Herzinfarkt auslösen. Die
Krankheiten
Krebs und Herzinfarkt sind die tödlichen Krankheiten Nummer 1 und 2.

Seite 2

Als wäre das nicht gefährlich genug, kann mit dieser Gravitationsenergie auch Bewusstseinsbeeinflussung betrieben werden. Das heißt, dass man als Sender einem Empfänger, der gegebenenfalls durch ein Implantat im Körper zum Empfänger wird, Informationen in sein Gehirn eingeben und dieser wird

entsprechend der Botschaft sich verhalten. Die Amerikaner nennen diese Möglichkeit "mind control", das Verhalten der Person soll vor allem kontrolliert und
gesteuert werden. Heute werden viele Bürger und vor allem Politiker derart kontrolliert und gesteuert.

Es sind hiermit nur einige wenige Möglichkeiten der elektrogravitativen Energie genannt. Weitere werden in dem Offenen Brief an die Bundeskanzlerin und
den Bundesinnenminister genannt. Nebenbei: mit dieser Energie kann man Strom erzeugen, der kostenlos ist. Solche Generatoren gibt
es weltweit einige, aber sie werden von der Energieindustrie unterdrückt. Der geniale Elektroingeneur Tesla hat bereits vor 100 Jahren unglaublich viele Geräte
gebaut, die diese Strahlen nutzten. Beispielsweise baute er ein Auto, das mit dieser gravitativen Energie, die auch Skalar- oder Longitudinalwellen genannt werden,
gespeist wurde. Den genauen physikalischen Hintergrund kann ich hier nicht darstellen. Ich empfehle das Buch von Tomas Bearden: Skalartechnologie, auf
englisch "Gravitobiology".

Die in den Gefahrenberichten genannten "elektromagnetischen Terroristen" kennen alle diese Technologien, teilweise haben sie diese aus Russland, die die
entwickelste Technologie heute nach Bearden haben, teilweise aus der ehemaligen DDR, die wie die Russen eine dem Westen fremde Richtung in der Erforschung
dieser elektromagnetischen Technologie einschlugen. Nach der Wende haben sich wahrscheinlich viele DDR'ler damit selbständig gemacht. Die WHO und die
Forschungsgemeinschaft Funk haben lange Jahre hinweg Strahlenkrankheiten erforscht und beschrieben!!!! Untersuchen Sie den Diagnosekatalog der WHO,
den ICD-10.

Unsere Welt ist durch diesen Terror mit Strahlen völlig aus dem Ruder gelaufen und keiner will es merken. Es handelt sich in Wirklichkeit nicht um eine Kriminalität,
es handelt sich um eine langjährige Verschwörung, die ein gescheiter Geist wie Churchill (aber auch andere) durchaus im letzten Jahrhundert so beschrieben hat:
"Seit den Tagen eines Spartacus-Weishaupt bis hin zu jenen eines Karl Marx, eines Trotzky, Bela Kun, einer Rosa Luxemburg und einer Emma Goldmann in den
USA ist diese weltweite Verschwörung mit dem Ziel einer Überwältigung

Seite 3

unserer Zivilisation und der Konstruktion einer Gesellschaft auf der
Grundlage verhinderter
Weiterentwicklung, neidischer Bosheit und unmöglicher Gleichheit ständig
im Wachsen begriffen..." Weshalb Churchill diese Zeitgenossen nannte,
kann ich nicht sagen.
Wahrscheinlich sind diese den damaligen Terroristen zum Opfer gefallen.
Weishaupt war der Gründer der Illuminaten.

Wer sich auf diese Ebene der "verschwiegenen Bruderschaften" nicht
begeben möchte, dem sei einerseits gesagt, dass alle großen deutschen
Geister (von Goethe,
über Wieland, Lessing, Herder, Fichte bis zu Mozart und
Freimaurer waren. Heute betreiben jedoch in halber Öffentlichkeit Sekten
die Strategien, die die elektromagnetischen Terroristen heimlich
betreiben. Informieren Sie
sich über das Treiben der heutigen Sekten.

Das seltsame Schriftbild habe ich den Hacker-Tätern zu verdanken!!

Teil IV

Bestandsaufnahme der Gegenwartsproblematik in Kurzform

Das Wachstumsdenken ist das Grundübel des Ruins unserer Gesellschaft.

Zusammenhänge von Wirtschaft - Finanzen, wie auch Klimawandel - der Ressourcenverknappung oder sozialer Ungleichheiten sollten ursächlich abgeklärt werden. Ursächlich lassen sich unter dem Deckmantel der - "Demokratie" Verdummung und Verrohung die alles ins Gegenteil verkehrt, ausmachen. Die Machtkonzentration von Banken und Unternehmen, die digitale Vernetzung und ökologische Grenzen des Wachstums hebeln die nationalstaatliche Ordnung aus.

Deregulierung und Liberalisierung der Märkte werden vorangetrieben um ein höheres Wachstum zu erreichen. Politik, Konzerne, Justiz, Medien, Militär und elitäre Denkfabriken miteinander verschmolzen durch die Banken, lassen weltweit das Eigentum der Bürger legal in die Hände der "Plutokratie" wandern.

Durch Zentralbanken, Globalisierung, Freihandelszonen, Schiedsgerichten usw. wird die Bevölkerung weiter ausgebeutet. Völkerentrechtende Staatenbünde (EU, NATO) und Eliten ohne demokratische Legitimation - (EZB, ESM, EU-Kommission) mit Vollmachten die nicht zur Verantwortung gezogen werden können, bestimmen die selbstaufgegebene Zukunft.

Der militärisch-industrielle Wirtschaftskomplex der USA und ihre imperialen Kriege bestimmen die Neue Weltordnung - Zensur und Überwachung werden ausgebaut. In dramatischer Weise werden heute Gesellschaften entmachtet, Demokratien abgebaut, der Volkswille und die Verfassung gebrochen. Kapitalistische Drahtzieher beherrschen die öffentliche Meinung, diktieren die Richtlinien der Politik.

Unsere Kultur befindet sich seit Jahrzehnten in einem dramatischen Niedergang. Unsere Gesellschaft verdummt, Werte werden zerstört, Abnormitäten zur Norm. Irreführende Informationspolitik beeinflusst die Meinungsfreiheit...Flächendeckend versuchen PR-Strategen, Spezialagenturen und persönliche Berater, die Redaktionen in ihrem Sinne zu beeinflussen.

Die Eliten in Deutschland, Europa und der Welt arbeiten daran, uns unsere Freiheit, unsere Sicherheit und unsere Rechte zu nehmen. Auch unser Vermögen und unser Wohlstand sind in Gefahr.

In den 70er Jahren des vorigen Jahrhunderts gab es tatsächliche Entspannungspolitik als Bundeskanzler Willy Brandt seine mit Egon Bahr zusammen initiierte Neue Ostpolitik (Treffen Brandt mit Breschnew) - und auch die Innerdeutschen-Beziehungen verbesserte (Grundlagenvertrag)

Zu jener Zeit war der damals herrschende Kalte Krieg und der Besitz von Nuklear Waffen ein gängiges Thema bei Diskussionsrunden. Der Begriff der Flexiblen Response oder auch der Vorwärtsverteidigung waren aktuelle Themen.

Auch heute noch sind trotz der Auflösung der Warschauer Vertragsstaaten, die erst als Antwort zur NATO gegründet wurden, ähnliche Szenarios denkbar geworden. Schon der Begriff der "NATO-Osterweiterung" - beinhaltet ein Vormachtstreben - das als Unipolare Weltordnung bezeichnet wird.

Wie man sieht ist seit der Anmerkung des Historikers Sebastian Haffner: "dass der Krieg aus dem Staatensystem ebenso wenig zu verbannen sei - wie der Stuhlgang aus dem biologischen System des menschlichen Körpers" durchaus zutreffend.

Hierzu gehört auch, dass die technische Entwicklung der nuklearen Waffen in Präzision und Reichweite die geographisch begrenzte Kriegsführungsfähigkeit fördert.

All jene die aus Vernunftgründen der Philosohpie Ernst Blochs anhingen und das "Prinzip Hoffnung" gelesen hatten, wurden in den letzten Jahrzehnten bitter Enttäuscht. Beinhaltet Blochs Hoffnung doch das Nochnicht-Gewordene mit dem Begriff der "konkreten Utopie", den auch ich mir zu eigen machte. Ein anderes Beispiel hierfür wäre "Die Hoffnung stirbt zuletzt."

Nach bekannt werden des in der BRD stattgefundenen Flick-Bestechungsskandals, in den ca. 30 Spitzenpolitiker, außer dem damaligen Kanzler Helmut Schmidt verwickelt waren und vielen weiteren Affairen in Politik und Wirtschaft, lässt sich auch auf den nachfolgenden Seiten dieses Buches wissenswertes in Erfahrung bringen.

"Reichtum regiert dieses Land und Reichtum benutzt militärische
Gewalt, um den Rest der Welt zu kontrollieren." Ramsey Clark

Die ungehäuere Macht dieser Super-Kapitalisten lässt sich am Bei-
spiel der Rothschilds darstellen, deren Vermögen auf weit über 100
Billionen Dollar geschätzt wird. Sie besitzen nicht nur die Bank
von England, sondern halten auch die Mehrheitsanteile der meisten
Zentralbanken und Dutzende weiterer Großbanken wie JP Morgan Chase,
Deutsche Bank, BNP, UBS, World Bank Group, PNB Paribas, Loyds of
London usw. Hinzu kommen Hunderte Konzerne wie Shell, Unilever, Rio
Tinto Zinc, Daimler, Lukoil, DeBeers, Rüstungsfirmen, Söldnerheere,
riesige Ländereien, Gold und Brillianten von unschätzbarem Wert.

Sie beherrschen die weltweite Versorgung mit Erdöl, Nahrung und anderen wichtigen Rohstoffen. So übernahm Jacob Rothschild die Kontrolle und die Anteile über den russischen Mafia-Oligarchen Chodor-
kowskijy an Yukos Oil kurz vor dessen Verhaftung. Zudem kontrollier-
en sie auch fast alle Nachrichtenagenturen wie Reuters, Accociated
Press und Fernsehsender wie ABC, CBS, NBC, SkyB; Zeitungen und Groß-
verlage und somit was wir wissen dürfen.

Die Banken Rockefellers "kontrollieren 25 Prozent aller Vermögenswerte der 50 größten amerikanischen Handelsbanken und 30 Prozent -
aller Vermögenswerte der 50 größten Versicherungsunternehmen.
Rockefeller kontrolliert Öl-Unternehmen wie Exxon Mobils, Chevron,
Texaco, BP Amoco, Marathon Oil und Dutzende große Firmen wie ITT,
Xerox, Boeing, Westinghouse, Hewlett-Packard, Honeywell, International Paper, Pfizer, Motorola oder Monsanto.

In einer weltweiten Verschwörung versuchen diese Super-Reichen die
komplette Macht an sich zu reißen. Wann immer man hierüber spricht,
so bemühen sich die kontrollierten Medien sofort zu versichern, hierbei handle es sich nur um "Verschwörungstheorien".
Ralph Epperson vertritt in seinem Buch "Die unsichtbare Hand" die
Meinung, daß diese Verschwörung tatsächlich existiert und sie daran
arbeitet, die absolute Macht über die gesamte Menschheit zu erringen:
"Zur Förderung ihrer Ziele benutzt sie Mittel wie Kriege, Depression-
en, Inflationen und Revolutionen. Ihr Ziel besteht darin, sämtliche
traditionellen Institutionen zu vernichten um eine neue Weltordnung
zu errichten."

Die 50 größten Medienimperien der Welt gehören Regierungen, Banken, multinationalen Konzerne, Hedge-Fonds und Mafia-Oligarchen.

Nach Ansicht von Noam Chomsky spielen dabei die Medien nicht etwa die Rolle eines Wachhundes, sondern sie dienen dem Establishment als Propagandaminiserium, das Zustimmung bei den Kontrollierten herstellen soll. Die wichtigsten Medien gehören Multi-Millardären, die nur ihre Meinungen gelten lassen.

Abweichende Meinungen, linke Vorstellungen, Alternativen werden aussortiert und verschwinden somit aus den Vorstellungen und Gehirnen der Untertanen. Statistisch gesehen werden immer wieder die gleichen Wahrnehmungen und politische Überzeugungen in allen Medien wiedergegeben.
Ein gutes Beispiel hierfür ist Rupert Murdoch. Er ist Gründer der - mächtigen News Corporation, einem mächtigen Konglomerat, zu dem 21st Century Fox mit ihren Filmstudios, Fox News, Sky, das "Wall Street Journal", die "New York Post", die Londoner Times, "Myspace" und 170 weitere Zeitungen und Dutzende Fernsehsender gehören.

Die Financial Times wies daraufhin, dass es sich Murdoch nicht nehmen lässt, "unbotmäßige Redakteure" zu gängeln und dass er führende Positionen mit Spitzenkräften aus dem eigenen Haus besetzt.
So funktioniert das Murdoch Imperium: Er herrscht, ohne sich zur Wahl zu stellen. "Dank Murdoch wurde Blair der Labourpremier mit der längsten Amtszeit in der britischen Geschichte." Auch Margaret Thatcher stand auf der Lohnliste. Nachdem sie Murdoch den Kauf der ehrwürdigen - "Times" und "Sunday Times" erlaubte, bekam sie von ihm fünf Millionen Pfund für ihre Memoiren.

Auch in Deutschland ist es keinen Deut anders. Auch hier wurde Angela Merkel, wie andere Kanzler zuvor, von den Medien ins Amt geschoben. David Korn schreibt in seinem Buch "Wem dient Merkel wirklich?": Ohne die Massive propagandistische Schützenhilfe des Springer-Konzerns - wäre sie kaum Kanzlerin geworden. Organe des Hauses wie "Bild" und "Welt" haben sie regelrecht hoch geschrieben.
Mit der parlamentarischen , repräsentativen Demokratie des deutschen Grundgesetzes von 1949 hat das, was heute in der Bundesrepublik Deutschland geboten wird, nicht mehr viel zu tun... Gar nichts mehr wird im deutschen Parlament, im Plenarsaal und in den Gremien, alles vorher in außerparlamentarischen Kommissionen und Räten verhandelt.

In Deutschland befinden sich Radio- und Fernsehsender, Internetanbieter Zeitschriften und Verlage in der Hand Weniger. Es sind im Wesentlichen der Axel Springer Verlag, die Bertelsman AG, der Heinrich Bauer Verlag, der Burda- und RTL-Konzern, der Westdeutschen Allgemeinen Zeitungsverlagsgesellschaft (WAZ) und die Beteiligungsfirma Lavena.

Die Medien-Oligarchen teilen mit Merkel den Glauben an die Neue Weltordnung. Für sie arbeiten 85.000 Journalisten in Deutschen Zeitungen, Radio und Fernsehsendern. Sie verbreiten das was wenige Journalisten in sogenannten Leitmedien vorgeben.

Diese kleine Auswahl erhält wiederum ihre Vorgaben aus einem hierarchischen Netzwerk von Logen, die die Interessen der Großbanken und Wirtschaftsoligarchie, multinationalen Konzernen und Rüstungsindustrie, Nato, EU, Weltbank usw. bestimmen und vertreten.

Weltweit herrschen dieselben Gesetze. Die Mächtigen bestimmen "eine Hand wäscht die andere", dies können wir in allen westlichen Demokratien beobachten. Eigentlich haben Journalisten die Aufgabe, das Volk objektiv zu informieren, wie es zum Teil noch in England geschieht. Das Volk wiederum soll, durch die Informationen im Stande sein sich eine unabhängige, eigene Meinung zu bilden. Das wurde in Deutschland völlig deformiert. Es herrscht weitgehend ein mediales Meinungskartell.

Der Medienprofessor Michalel Friedrich Vogt spricht Klartext: Er spricht von verordneter Gleichschaltung in einem totalitären Land: "Der heutige Umgang mit Kritikern und Querdenkern, den Ketzern unserer - Zeit, ist nicht mehr die physische Vernichtung auf Scheiterhaufen, in KZs oder Gulags. Es ist die wirtschaftlich-physische Vernichtung: Vom Mord zum Rufmord...Er wird isoliert, seine Existenz vernichtet".

Die "Süddeutsche Zeitung" fragt: Wie kommt es, dass bei bestimmten Themen - New Economie, Hartz IV, Finanzkrise - eine erdrückende Medien-Mehrheit in einer Art freiwilliger "Selbstgleichschaltung" die Linie der jeweils Herrschenden vertritt?

Woher kommt es, das Journalisten für eine Ausweitung der Nato schreiben und Deutschland müsse endlich mehr Verantwortung übernehmen? Die Demokratie müsse am Hindukusch, in Zentralafrika ja in der ganzen Welt verteidigt werden. Kein Wunder, denn ranghohe Journalisten sind Mitglieder in Nato-nahen Organisationen oder gar in deren Beiräten und wollen "sicherheitspolitische Probleme" - durch mehr Rüstung und Krieg lösen. All das beruht auf jener wechselseitigen Abhängigkeit.

"Die Nato ist keine Kraft für Sicherheit und Stabilität, sondern -
eine Gefahr für den Weltfrieden." Danielle Ganser/Friedensinstitut

Für den ehemaligen US-Staatssekretär Paul Craig Roberts bewegt sich
die Welt mit atemberaubender Geschwindigkeit auf einen weltweiten -
atomaren Schlagabtausch zu. In seinem Buch "Amerikas Krieg gegen die
Welt" sieht er als Hauptverantwortlichen Washington, während er Putin
ein hohes Maß an Verantwortungsbewußtsein attestiert.

Für ihn sind die Länder Europas Vasallen. Und für die gleichgeschalt-
eten europäischen Medien und ihren Lügen, ihrer Kriegshetze empfindet
er nur Verachtung. Der Leiter des Schweizerischen Friedensinstitut in
Zürich, Dr. Danielle Ganser, stellt in seinem Buch "illegale Kriege"
fest, dass die Nato eine kriminelle, terroristische Vereinigung ist,
die 1949 noch beteuerte, nie ein anderes Land anzugreifen.

Doch seitdem hat sich der Verteidigungspakt in einen aggressiven An-
griffspakt verwandelt. Und das ist laut Uno-Charta das schlimmste Verbrechen zu dem Staaten fähig sind. Alle Kriege der Nato waren illegal
und ein Bruch des Völkerrechts. Clinton, Bush, Obama, Blair, Cameron,
Sarkozy, Hollande, Schröder, Merkel usw. müssten längst als Kriegs-
verbrecher verhaftet werden und sich vor dem Internationalen Strafge-
richtshof in Den Haag wegen ihrer Verbrechen gegen die Menschlichkeit
verantworten, fordert Ganser.

Das dies nicht geschieht ist der Beweis dafür, dass es kein Recht gibt,
außer den des Stärkeren. In einem weiteren seiner Bücher Nato Geheimarmeen in Europa - Inszenierter Terror und verdeckte Kriegsführung zeigt er auf, wie Geheimarmeen im Hintergrund staatliche Terrorakte und
Umstürze planen. 1980 tötete im Bahnhof von Bologna eine Bombe 85 Menschen und verletzte 200 schwer. Der Terror-Anschlag wurde den roten
Brigaden unterschoben. Erfolgreich, denn so wurde in Italien ein Sieg
der Kommunisten bei der Wahl verhindert. Auch in Belgien und Frankreich
wurden Sprengstoffanschläge verübt und linken Gruppierungen in die Sch-
uhe geschoben.

Europas sogenannte Demokratien sollten von innen heraus manipuliert -
und kontrolliert werden. Ein weiteres strategisches Ziel ist es, Res-
sourcen in rohstoffreichen Ländern zu sichern. Insbesondere der hun-
dertemilliardenschwere Drogenmarkt ist von großem Interesse. Denn mit
diesen Geldern lassen sich Länder wie der Iran oder Russland destabili-
sieren, geheime Armeen und Terrororganisationen schulen und ausrüsten
und überall in der 'Welt einsetzen.'

Im Zeichen der Aufrüstung, Auszüge aus UZ Februar 2018

US-Präsident Trump hat einen Etatentwurf für das Jahr 2019 vorgelegt, der mit 686 Milliarden Dollar für das Pentagon den höchsten MIlitäretat eines Staates in der Geschichte der Menschheit darstellt.

Der französische Präsident kündigte eine Steigerung der Militärausgaben von 2019 bis 2025 auf zusammen 295 Milliarden Euro an. Atomwaffen sollen dabei Priorität haben. Die Militärausgaben in Deutschland sollen von derzeit ca. 37 Mrd. Euro jährlich in Richtung 75 Milliarden Euro hochgeschraubt werden.

Als wichtigster Hebel hierfür dürfte sich die EU-Aufrüstungsstruktur PESCO erweisen. Hinzu kommt die Einrichtung eines neuen NATO-Hauptquartiers in der Nähe von Köln.
Die "zahlreichen Krisen der Welt dienen dazu, genau diese Stärkung des Militärischen einzufordern." Russland und China werden als Bedrohung aufgebaut, auf die der Westen durch entsprechende Aufrüstungen nur reagieren müsse.
Beim Aufbau der NATO-"Speerspitze", einer Schnellen Eingreiftruppe - die vor allem gegen Russland genutzt werden kann, hat die Bundesrepublik die Führung übernommen. Mit ihrer Marinepräsenz in der Ostsee ist sie dort zudem die führende NATO-Seestreitmacht.

Darüber hinaus fördert die Bundesregierung auch eine Art informelle NATO-Norderweiterung, die sich ebenfalls gegen Russland richtet.

Schweden und Finnland werden seit geraumer Zeit immer enger mit dem westlichen Kriegsbündnis verkoppelt. Beide haben sich zur Einbindung in die NATO Response Force bereit erklärt. Und beide haben auf dem NATO-Gipfel in Newport ein sogenanntes Host Nation Support Agreement unterzeichnet, das die Nutzung ihrer Infrastruktur durch das Kriegsbündnis vorsieht - auch im Kriegsfall.
Bei alledem legt die Bundesregierung immer wieder Wert auf die Feststellung, sie baue gezielt den "europäischen Pfeiler" der NATO auf.
Das trifft zu. Deutlich wird das beispielsweise an ihren Bestrebungen die Bundeswehr immer enger mit den Streitkräften anderer europäischer NATO-Mitglieder zu verschmelzen. So sind inzwischen zwei Drittel der niederländischen Heeresverbände in Einheiten der Bundeswehr integriert. Die Armeen Deutschlands und Tschechiens respektive Rumäniens sind gleichfalls dabei, sich punktuell zu verflechten. Die Deutsche Marine intensiviert zudem die Anbindung der norwegischen Seestreitkräfte.

Die Nato hat ihre Flotte im Schwarzen Meer massiv ausgebaut. Nach
dem Vertrag von Montreux dürfen Kriegsschiffe sich dort nur für 21
Tage aufhalten. Um dem zu entgehen, lässt die Nato die Fahnen an ihr-
en Kriegsschiffen gegen Flaggen von Anrainerstaaten wie Rumänien,
Bulgarien usw. austauschen. Um den angeblich aggressiven Putin zu
stoppen, will das US-Militär die in Osteuropa stationierten Truppen
massiv verstärken.

Das Jahresbudget wurde vervierfacht auf 3,4 Milliarden Dollar. Beim
Großmanöver der NATO mit dem Namen Anakonda wurden 300.000 Soldaten
direkt an der russischen Grenze stationiert, unter völligem Stillsch-
weigen der Medien. Im Januar 2017 wurden insgesamt 2671 Panzer, Ketten-
fahrzeuge und Großgeschütze von Deutschland aus an die russische Grenze verlegt. Auch Deutschland musste seine Militärausgaben erhöhen und
seine Militärdoktrin ausdrücklich gegen Russland in Stellung bringen.

Die USA bombardieren immer wieder Krankenhäuser, Schulen, Moscheen
usw. Ärzte ohne Grenzen beschuldigte die US-Armee, sie hätten ganz
bewusst und immer wieder ihr Krankenhaus in Kundus beschossen und bom-
bardiert. Ein Zufallstreffer sei ausgeschlossen. "Die Geschütze traf-
en die Klinik zielgenau in der Mitte, und das mehrmals...Es handelt
sich nicht nur um einen Angriff auf unsere Klinik, sondern um einen -
Angriff auf die Genver Konventionen.

Im April 2010 hat General James Cartwright vom US-Marine-Korps die
Forderung aufgestellt, "das US-Militär muss in der Lage sein, innerhalb einer Stunde einen präzisen Angriff mit konventionellen Waffen
irgendwo in der Welt durchzuführen." Dieser Prompt Global Strike (PGS)
soll auf drei Wegen erfolgen: durch Interkontinentalraketen mit kon-
ventioneller Bestückung - abgefeuert von Raketenbasen oder U-Booten,
durch Hyperschall-Cruises-Missiles, die von Bombern abgeworfen werden
und durch weltraumgestützte Laserwaffen.

Raketenschild, Ausbau der NATO im Osten und die USA/NATO-Zerstörungs-
pläne von Syrien und dem Iran würden in Moskau als Versuch wahrgenommen, einen strategischen Vorteil über die Russische Föderation zu ge-
winnen (und darüber hinaus über China). Daraufhin habe das russische
strategische Kommando angekündigt, eine neue 100-Tonnen-Rakete, "fähig
ein Raketenabwehrsystem zu überwältigen", zu bauen.

Auszüge aus F.William Engdahl - Krieg in der Ukraine

Stabilität Zentralasiens ist Votaussetzung für Chinas wirtschaftliche
Zone "Neue Seidenstrasse", die auf gemeinsamer Entwicklung und Wohlstand basiert, in einer besseren Verbindung zwischen den asiatischen
und europäischen Mächten.

Die EU bezieht heute ca. 30 Prozent ihres Erdgases - die schnellste
Energiequelle - aus Russland. Der NATO-geführte Putsch in der Ukraine
und die nachfolgende Krise haben den Trend nicht nur russischer Unternehmen, sich ostwärts zu orientieren, dramatisch verstärkt.
Andere Länder könnten merken, dass sie eines Tages Opfer von Sanktion-
en aus Washington werden können, und versuchen ihre Abhängigkeit vom
Dollar zu verringern.

Das US-gestützte Putschregime in Kiew unternimmt Schritte in Richtung
auf einen De-facto-Krieg mit Russland. Speziell NATO-trainierte Terror-
kommandos sind als "Gladio B" oder als verdeckte Eingreiftruppe der -
NATO Bezeichnet worden. Die Welt muß verstehen, dass es in der Regierung in Washington eine Kriegsfraktion gibt, die mit Fug und Recht als
"Geheimregierung" oder "Tiefer Staat" bezeichnet werden kann und deren
Kommandos der Lojalität einer Gemeinschaft Superreicher dient, die den
militärisch-industriellen-Komplex beherrschen.

Auch Söldnerkriege bringen Zerstörung und Chaos über die Länder, in den-
en sie entstanden sind, es wird immer deutlicher, dass einige Planer
in den USA genau die wollen.
Ambesten lässt sich Washingtons Ukraine-Politik verstehen als ein blut-
iger Keil, der mit brutaler Gewalt zwischen Russland und die Mitgliedstaaten der Europäischen Union, insbesondere Deutschland und Frankreich
getrieben wird. Nach der Finanzkrise von 2007, definierte die Gruppe
der BRICS-Staaten- Brasilien, Russland, Indien, China und Südafrika -
eine neue Richtung für die Wirtschaftspolitik. Diese intensivierte eu-
rasische Kooperation bedeutete ein Todesurteil für die weltweite eng-
lischsprachige Macht, diedie Weltpolitik seit den Anfangstagen des britischen Weltreichs nach den napoleonischen Kriegen dominiert hatte.

Erwänenswert ist die von der CIA geschaffene Scientology-Organisation
welche sich in einem größeren Stil Marionetten (Ukraine, Balkan u.s.w.)
hält. Die historische Vereinbarung zwischen Russland und China eines
Mammut-Erdgas-Vertrages mit einem Umfang von 400 Milliarden Dollar und
30 Jahren Laufzeit bestätigen die engere wirtschaftliche Zusammenarbeit.

Kurzauszug aus "Die Patin", Wie Merkel Deutschland umbaut, Anmerkungen

Merkel stellt die Demokratie auf die Probe. Sie ist die erste über-
parteiliche, bald wird man sagen können: die erste parteilose Kanzlerin Deutschlands. Deutsche Zeitungen proben immer wieder mal den -
nächsten Steilflug: "Angela Merkel, die Königin von Europa", lesen wir
da. Auch diese Ernennung lässt die Frage aus, ob Angela Merkel eine
Europäerin ist.
Wir wissen es nicht genau, und hier zeigt sich die Fügsamkeit der deutschen Bürger: Wir wollen es gar nicht genau wissen, wenn sie meint,
das sei nicht entscheidend.
Merkel hat ihre Etappensiege in der deutschen Politik durch Abweichung
von dem geholt, was ihre westgeprägten Mitspieler kannten. Sie wurde
und blieb überlegen, weil sie keine von den Erwartungen erfüllte, die
jene Partei, in der sie gelandet war, auf sie richtete. Christlich -
und demoratisch, das erfuhr man bald, ist sie nur situativ, also wenn
es der Karriere dient.

Anmerkung: Afghanistan zur Chefsache zu machen, bei ca. 90 Prozent des
Rohopium Weltertrags und dies ohne Aussicht auf eine Beendigung, halte
ich für genauso unmöglich wie ihr "persönliches Engagement für Waffen-
verkäufe in Spannungsgebiete und anschließender Flüchtlingsaufnahme".

Sie profitiert ständig von ihren Bewegungsspielräumen in moralischen
und ethischen Fragen, wo ihre Kollegen Vertragstreue anmahnen oder -
Rechtsnormen zitieren. Die verschwiegene Lektion der Machthaber, die
Merkel gelernt hat, heißt: Macht ist besser als Ohnmacht.
Diese Frau nimmt sich Freiheiten, die alle anderen schon laut Partei-
satzung gar nicht haben. Sie schreddert Werte, kippt Kabinettsbesch-
lüsse, räumt Gesetze auch im Dutzend ab.

Anmerkung: Woher nimmt diese Frau die Unverschämtheit schon vor ca.10
Jahren vorausblickend zu äußern: "Deutschland habe keinen immerwährenden Anspruch auf seine demokratischen Verfassungsrechte", Irrtum!
Man erinnere an den "SPIEGEL" Mai 2015 - Der Verrat als Titelseite!
Wie kann es sein das eine ganze Nation derart unwissend über die deutschen Verhältnisse geblieben ist?
In der neuen Regierung von 2018 sind zwar einige Veränderungen an Mini-
sterposten zu verzeichnen - jedoch eine Bereinigung der Fehlleistungen
bleibt noch abzuwarten.

"Merkels Mitverantwortung für den Terroranschlag führe ich vor allem auf ihre Beteiligung an den Öl-und Gaskriegen der USA im Nahen- und Mittleren Osten zurück." Sahra Wagenknecht (Focus, 14.1.17)

Unser Wohlstandsmodell beruht auf der Ausbeutung afrikanischer Länder. Die völkerrechtswidrigen Angriffskriege der EU und NATO in Atghanistan, Irak, Libyen, Syrien, Somalia usw., sind der wahre Grund für die Völkerwanderung und der Entstehung von al-Kaida und dem IS, die beide mit Milliarden an Steuergeldern ausgebildet und mit modernsten Waffen ausgerüstet werden.

Doch das ist erst der Anfang einer unheilvollen Entwicklung, Merkel hat die Büchse der Pandora geöffnet und nun wollen Millionen Flüchtlinge in Deutschland Sozialhilfe. "Heute zählt die Weltbevölkerung fast acht Milliarden Menschen und steuert ungebremst auf die neun Milliarden zu. Von diesen etwa acht Milliarden Menschen leben etwa 3,5 Milliarden in elenden Slums oder weit unter der Armutsgrenze...und weitere Millionen sind auf der Flucht vor Bürgerkrieg und Terror."

"Die Europäischen Partnerschaftsabkommen", jene Freihandelsverträge, die seit Jahren mit Afrika verhandelt werden, drängen sogar auf noch mehr Liberalisierung." Merkels Flüchtlingspolitik ist ein Desaster - jeder Asylant ist eine Bereicherung für Deutschland - flötete Angela Merkel im Sommer 2015 und ließ Hunderttausende Flüchtlinge, ohne Papiere, unkontrolliert ins Land.

"Focus" konstatiert: "Die arabischen Politiker wollen nicht, dass die Flüchtlinge bei ihnen bleiben, dazu sind diese Länder viel zu instabil. Die Zeit kritisiert: "In der ebenso guten wie verständlichen Absicht, Menschen vor dem Ertrinken zu bewahren, fangen Rettungsmissionen der EU und privater Organisationen die immer erbärmlicher werdenden Schlauchboote voller Verzweifelter kurz hinter der libyschen Küste ab und bringen die Schiffbrüchigen selber nach Europa. Erledigen also den Job der Schlepper. Für die Menschenhändler ein Riesengeschäft, das dem Drogenhandel schon mancherorts den Rang abgelaufen het.

Was daran humanitär sein soll, bleibt ein Geheimnis "Schleuserkriminalität".

Der Syrienkrieg geht in sein achtes Jahr. Europa agiert planlos und nicht im Sinne des Aufbaus von Demokratie und Frieden.
Wer waren bzw. sind die maßgeblichen Kräfte in Syrien und von wem werden sie unterstützt?

Aufseiten des Regimes gibt es die Überreste einer Armee, massiv unterstützt durch Russland. Es gibt Milizen mit teils sehr mächtigen lokalen Anführern, die für Assad am Boden kämpfen. Iran befehligt in Syrien viele Tausend Söldner, außerdem kämpft die erfahrene libanesische Hisbollah für Assad.

Auf der anderen Seite haben wir eine komplexe Szene - Abspaltungen, Umbenennungen, wechselnde Allianzen. Inzwischen ist die Gruppe der Regime-Gegner vor allem von Islamisten geprägt. Der Ursprung des bewaffneten Aufstandes waren im Sommer 2011 Deserteure der syrischen Armee, die sich gewigert hatten, auf friedliche Demonstranten zu schießen, und die Freie Syrische Armee (FSA) gründeten. Diese war jedoch nie eine wirkliche Armee, sondern ein Sammelbecken für bewaffnete Gruppen ohne zentrale Hierarchie- und Befehlsstruktur.

Autoren wie Jürgen Todenhöfer oder Dr.Daniele Ganser sagen, die USA, Großbritannien, Frankreich, die Türkei und andere hätten syrische Rebellen mit Waffen und Geld unterstützt. Das ist korrekt.
Die CIA hat zwischen 2013 und 2017 die syrischen Rebellen finanziert.

Die USA bekämpfen in Syrien den IS und wollen mit 2000 bis 4000 Soldaten im Land bleiben, um ein Wiedererstarken des IS zu verhindern, wie sie sagen. Daneben will Präsident Trump vorallem den iranischen Einfluss in der Region eindämmen. Sein Motto - "Make America great again" - bedeutet im Nahen Osten, möglichst viele Waffen zu verkaufen damit die dortigen Regime den Terror bekämpfen.

Das ist ein Freibrief für alle Autokraten in der Region, ihre politischen Gegner als Terroristen zu bekämpfen. Ob Saudi-Arabien, Katar - oder Ägypten - jeder Herrscher hat eine eigene Definition von Terroristen. Das ist ein verheerendes Signal. Europa hat in Syrien keinen wirklichen Plan. Hauptsache es kommen keine Flüchtlinge mehr.

Grundsätzliches - was es festzustellen gilt.

Die vorhandene Nichtsouveränität Deutschlands - Feindstaatenklausel
(obwohl doch Reparationen aus dem 2. Weltkrieg per Gesetz hinfällig
geworden sein sollen).

Der Truppenaufenthalt der US-Streitkräfte ist noch immer von der BRD
zu finanzieren - wie auch Kriegseinsätze von deutschem Boden aus hin-
zunehmen.

Paul Craig Roberts, ehemaliger Minister und Herausgeber des "Wall
Street Journals" empfiehlt den Europäern die Nato aufzulösen um den
Kontinent zu retten. Er gibt eine vernichtende Beurteilung über die
westlichen Medien ab: Sie seien eine Propagandamaschinerie ohne Integrität, moralisches Gewissen und Achtung vor der Wahrheit.

Wo bleibt eine Europäische-Entspannungspolitik. Sowohl die NATO-Osterweiterung - als auch das endlos expandierende Wachstumsystem zur
Profitmaximierung lassen keine friedliche Zukunft erwarten.

Zudem werden Instrumente der Ausbeutung, Entdemokratisierung und Überwachung, die den Völkern in Europa gegen deren Willen aufgezwungen
werden, nicht als undemokratisch gebrandmarkt.

Weder die Euroeinführung, noch die EU-Verfassung (Vertrag von Lissa-
bon), noch die Militarisierung der EU geschah auch nur mit Billigung
der Völker. (Längst ist die Abschaffung der nationalen Souveränität
der Mitgliedstaaten beschlossene Sache).

Der Mensch wird mit nutzlosen, widersprechenden Informationen förm-
lich zugeschüttet, dass es ihm unmöglich macht, Sinnvolles von Sinn-
losem zu trennen und somit das Gehirn nichts mehr speichert, nichts
mehr lernt.
Hinzu kommt die Speicherflut von Geheimdiensten, Polizei, Behörden,
Verwaltungen, Banken, Versicherungen, Arbeitgeber, Internet usw. die
selbst die kleinste Information über uns abspeichern.

"Wir brauchen ein psychochirurgisches Programm, mit dem man unsere
Gesellschaft politisch kontrollieren kann. Der Zweck ist die Physi-
kalische Kontrolle des Bewusstseins...Die Menschheit hat nicht das
Recht, ihr eigenes Bewusstsein zu entwickeln." Jose M.R. Delgado
(Direktor für Neuropsychiatrie an der Yale Universität zum US-Kongress)

Wenn heute bekannt ist, dass nur einige Personen über das Geldvermögen
etwa der Hälfte der Menschheit verfügen ist der Marxismus wieder aktuell.

"Wir befassen uns mit der Erforschung und Entwicklumg chemischer, biologischer und radiologischer Mittel zur verdeckten Lenkung menschlichen Verhaltens." Stansfield Turner (CIA-Direktor zum US-Senat)

Die Beherrschung des Menschen wird immer effektiver. Sie kann chemisch biologisch durch Drogen, psychologisch durch unterschwellige Beeinflussung oder technisch durch Niedrigfrequenzwellen oder elektromagnetische Felder erfolgen. Mediziner, Neurologen, Psychologen oder Ingenieure dringen immer tiefer in unser Gehirn ein.

Mit Magnetresonanztomografen, elektromagnetischen Frequenzen und Gehirnscans rücken Dutzende von Universitäten unseren Gedanken auf die Pelle und entdecken jede Lüge. Denn sie verlängern Reaktionszeiten - und aktivieren Gehirnregionen, die für die bildliche Vorstellungskraft zuständig sind. Wärmebildkameras erfassen Hautveränderungen, die bei intensiven Gefühlen entstehen. Winzige Sekundenbruchteile dauernde Verzerrungen von Gesichtsmuskeln entlarven unsere wahren Gefühle und Gedanken. Augenbewegungen werden mit Spezialkameras aufgezeichnet - und ausgewertet.

Bereits heute sind Neurowissenschaftler in der Lage Gedanken zu lesen oder Gedächtnispillen und Hirnprothesen herzustellen. Sie beobachten live, wie das Gehirn beim Lernen seine Verschaltungen ändert und wie einzelne Neuronengruppen sich hierarchisch organisieren. Beim Denken entstehen identische Muster. Denn das Gehirn benutzt bestimmte Regeln, um elektrische Aktivität in Wahrnehmungen, Erinnerungen, Wissen und Verhalten umzuschreiben. Denken zwei Menschen an einen gleichen Gegenstand, so erzeugen beide Hirne ähnliche Signalmuster.

Durch Computerprogramme und anhand der Hirnaktivität lässt sich erkennen, "was ein Mensch gerade denkt". Der "Spiegel" kommentiert: Nun aber sind Rechenprogramme verfügbar, mit denen das ganze Gehirn auf einen Schlag untersucht werden kann... Der Trick der entsprechenden Software liegt darin, dass sie von allein immer besser darin wird, komplexe Datenmengen schnell zu analysieren. Mittlerweile können Hirnforscher sogar Inhalte aus dem Gedächtnis entfernen und Lügen enttarnen. Denn Lügen hinterlassen eine veräterische Spur, da zusätzliche Areale aktiviert werden. Heute brauchen Menschen gar nicht mehr umerzogen werden. Ihr Bewusstsein, Denken und Verhalten wird durch niedrigstwellige, elektromagnetische Frequenzen fast beliebig gesteuert. Die Betroffenen bemerken gar nicht mehr, dass sie gesteuert werden.

Die Bilderberger treffen sich einmal pro Jahr in völliger Abgeschie-
denheit unter Ausschluss der Öffentlichkeit und Presse. Die geheimen
Treffen sind ein Mittel zur Umsetzung der Eine-Welt-Regierung.
Entsprechend werden unter den Namhaften-Teilnehmern aus Politik, Militär, Wirtschaft, Medien, Wissenschaft und Justiz Anweisungen zur Ge-
staltung der Weltpolitik vorgegeben und personalpolitische Entscheidungen getroffen.
Insbesondere die Freihandelsabkommen sind ein wichtiger Faktor, um die
wirtschaftspolitischen Interessen durchzusetzen. Die Oberklasse der
Oligarchen und Plutokraten wie die Rothschilds und Rockefeller nehmen
nicht teil, bemerkt der ehemalige ARD-Korrespondent Christoph Hörstel.
Ihre Anweisungen werden durch Mittelsmänner erteilt und sind für alle
Teilnehmer verbindlich.

Um die Neue Weltordnung zu integrieren, sollten die USA die dominierende Macht sein. "Hillary Clinton erklärte, dass Washington nach den
Vorgaben des CFR handelt." (CFR, Counzil on Foreign Relations - Rat
für auswertige Beziehungen). Laut Zbigniew Brzezinski (Sicherheitsberater amerikanischer Präsidenten) wird die indirekte US-Herrschaft -
über ihren Vasallenstaat Deutschland über die Einflussnahme auf deren
Eliten in Politik, Wirtschaft, Medien, Recht und Kultur ausgeübt.

In der Atlantik-Brücke befinden sich rund 1500 Mitglieder - unter ihnen
auch hohe Militärs und Richter, die durch den Vorstand berufen werden.
Sie setzen sich dann für die Neue Weltordnung, Globalisierung, Freihandelsverträge, eine zentralistische EU, Liberalisierung von Wasser
oder Bildung, Verteufelung von Putin, für Kriege zur Ressourcensicher-
ung und amerikanische Interessen ein.

Free 21 kommentiert: Gelegentlich "habe Merkel Chefredakteure deutscher Leitmedien ins Kanzleramt bestellt und eingefordert..., aus Staats-
räson nicht mehr über gewisse Tatsachen zu berichten. Doch anstatt diesen Eingriff in die Pressefreiheit zu kritisieren, finden Journalisten
Gefallen an der neuen Funktion für Regierungspropaganda."

Die Medien gaben "ihre Rolle als vierte Gewalt in der BRD freiwillig
auf. Sie akzeptieren, die Macht der Mächtigen nicht länger zu hinterfragen, sondern lassen sich zur Machtsicherung instrumentalisieren,
indem sie in Sachen USA,EU, Euro sowie Globalisierung und Menschenrechte kritiklos prowestlich berichterstatten."

Aus Demokratie in Gefahr "Ein Volk geht nicht zugrunde durch ver-
lorene Kriege, sondern dadurch, dass es...Hochverrat an sich begeht".

Seit Kriegsende halten immer mehr amerikanische Vokabeln Einzug in
die deutsche Sprache. Eine Flut unnötiger Anglizismen verstümmelt die
deutsche Sprache. Die deutsche Welt ist voller Meetings, Laptops, Shop-
ping-Malls, Service Points, Brainstorming, Consumer Views in der schi-
cken, weltläufigen Möchtegernwelt, die kaum noch einer versteht.

Sie geben ihre Seele und Kultur auf und werfen sich McDonalds und -
Coca Cola an den Hals. Diese Kultur aus Geldgier, infantilen Machbar-
keitswahn und geradezu perverser Unkenntnis der wirklichen Probleme
unseres Planeten, verknüpft mit dem Unwillen, sie auch nicht lösen zu
wollen, führt in den Untergang.

Und Frau Merkel gehört zur neuen Kaste rechtloser Diener: "Bei Frau
Merkel habe ich gemerkt, die weiß nun gar nichts!"

Wir erleben durch die rechtsfreie Entscheidung Merkels und ihres Hof-
staats aus Parteien , Medien und Kirchenvertretern - ohne Beteiligung
von Bundestag und -rat! - das Ende des Rechtsstaats ...Der manipulati-
ve Gleichschritt von Politik, Medien und Kirchenvertretern macht mir
Sorgen, zumal viele Bürger inzwischen Angst haben, öffentlich ihre
Meinung zu äußern.

Heiner Geißler verlangte Volksentscheide zu erleichtern. Merkel ver-
trete "ein veraltetes Verständnis von Demokratie". Die Voraussetzung
für das Funktionieren einer Demokratie, das Vertrauen der Bürger in
ihre Volksvertreter, sei nicht mehr vorhanden.
Sie haben das Gefühl, dass die Entscheidungen nicht mehr im Sinne der
Menschen getroffen werden, sondern sich an kapitalistischen Interessen
orientieren.

Ganz deutlich wird das durch die Äußerungen des EU-Ratschef Robert Fico
der die Staats- und Regierungschefs zu einem Ende der Volksabstimmung-
en aufrief. "Volksabstimmungen stellen eine Gefahr für die EU dar, weshalb die Mitgliedstaaten derartige "Abenteuer" künftig unterlassen
sollten... Ich bitte die Regierungen der EU-Länder, Abenteuer wie die
britischen und italienischen Volksabstimmungen bezüglich innenpoliti-
scher Themen, die eine Bedrohung für die EU darstellen, künftig zu
unterlassen.
"Wir betreten eine Ära der Autokratie politischer Selbstherrlichkeit".
Hans-Ulrich Jörges (Chefredaktion des Stern, 9.3.17, S.14)

Entnommen aus: Demokratie in Gefahr - Was ist aus Deutschland geworden

Merkel steht, wie übrigens fast alle deutschen Politiker von Schäuble, Gabriel, Steinmeier bis Schulz für die Globalisierung und Neue Weltordnung. Und deswegen verkündete sie schon einmal, es gebe keine Garantie für Wohlstand und Demokratie in der schönen neuen Welt von Morgen. Sie verweist gerne darauf, dass Deutschland Exportweltmeister ist und Beschäftigungsrekorde bricht. Nur was nützt das, wenn die Armen - immer ärmer werden, wenn Durchschnittsverdiener sich keine Wohnung in Großstädten leisten können, jeder Vierte im Niedriglohnsektor arbeitet und zwei oder drei Jobs braucht, um über die Runden zu kommen und sich Armut flächendeckend ausbreitet.

Die "New York Times" schrieb auch von einer peinlichen ersten Begegnung zwischen Merkel und Trump. Sie sei frostig gewesen und Trump habe ihr den Handschlag verweigert. Die "Los Angels Times" beschrieb Merkel als "Modell von teutonischer Sturheit" und Größenwahn.
Auch die Professorin Gertrud Höhler bescheinigt Merkel in ihrem Buch "Die Patin" Größenwahn. Ihr reiche es nicht, Kanzlerin Deutschlnds zu sein, nein, sie wolle Kanzlerin aller Europäer oder gleich am Besten der ganzen Welt sein. Sie habe einen mafiotischen Virus in die Bundesrepublik getragen, welcher den Rechtsstaat und die Demokratie zerstört.

Angela Merkel hat es geschafft, dass die beiden mächtigsten Männer der Erde, Trump und Putin sie wegen ihrer Flüchtlingspolitik und ihrem Größenwahn verachten. Sie wollen sich nicht von Merkel bevormunden lassen. Trump soll Merkels Flüchtlingspolitik als "geisteskrank" und Desaster bezeichnet haben.

"Mit mir wird es keine PKW-Maut geben." Merkel (2013 im Bundeswahlkampf)

"Eine Lösung, dass die einen die Schulden machen, die anderen sie aber bezahlen, darf es nicht geben." Horst Seehofer

Angela Merkel hat einiges getan, um Europa scheitern zu lassen. Der britische Aussenminister Boris Johnson wirft Merkel vor, die gleichen Ziele wie Hitler zu verfolgen. Die Briten haben nicht vergessen, dass Merkel die griechische Regierung mit ihrem Ministerpräsidenten Papandreu weggeputscht und dass sie der EU die Wirtschaftssanktionen gegen Russland mit der Brechstange aufgezwungen hat.
Als Folge erlitten viele EU-Länder wie Finnland, Ungarn usw. herbe Verluste. Zudem hat Merkel ständig versucht, Länder wie Polen, Ungarn, Griechenland, Italien, Spanien usw. ihren Willen aufzuzwingen.

Über Deutschland "Der Bürger...ist strohdumm!" Die Bevölkerung ist entsetzlich dumm. Konrad Adenauer (Bundeskanzler)

Auch die Franzosen, die uns als eins der wenigen Länder als Nachbarn schätzen, zollen uns Respekt, aber mögen tun sie uns nicht. Während fast alle Länder sich selbst im positiven Licht sehen, bescheinigt man uns ziemlich übereinstimmend, wir seien die fleißigsten und zuverlässigsten, aber leider auch die dümmsten.

Dem stimmen selbst viele Deutsche zu, so auch Konrad Adenauer, der als der erfolgreichste Spion der CIA gilt. Bei Meinungsumfragen nach dem bedeutendsten Deutschen landet Adenauer seit Jahrzehnten immer ganz vorne. "Der Spiegel" schreibt über ihn, er sei rassistisch, antisemitisch und korrupt gewesen.

"Er beauftragte den Geheimdienst, die Medien zu manupulieren und auszuforschen." Er brach die Verfassung , wollte die Pressefreiheit beschneiden, und er verachtete den Bürger "als unwissenden Dummkopf".

"Wenn es gilt, in Masse über einen einzelnen herzufallen, sind die Deutschen immer dabei, es muss nur ungefährlich sein." Ernst Jünger

Dabei waren wir dereinst das klügste Volk der Erde. Kein Land hat so viele bedeutende Denker, Dichter, Philosophen, Komponisten, Wissenschaftler und Ingenieure hervorgebracht. Denn die deutsche Sprache ist der Nährboden des präzisen Denkens. Denn Intelligenz ist immer kritisch - in dem Klima der Unterdrückung und Zensur kann nichts mehr gedeihen.

Studenten mit brökelnder Lesekompetenz verstehen keine anspruchsvollen Texte mehr. Zu den funktionellen Analphabeten kommen immer mehr, die zwar lesen können, aber es nich wollen und lieber die "intellektuelle Legasthenie" betreiben. Hinzu kommt eine Politikersprache, die darin besteht, nichts wortreich auszudrücken. Der Medienwissenschaftler Alexander Kissler kritisiert die Sprache der Politiker. Sie malträtieren sie wie einen Leibeigenen, im Bestreben viel zu sagen, ohne etwas zu sagen.
Insbesondere das "Merkel-Deutsch" mit ihrem fortgeschrittenem Floskeltum hat es ihm angetan. "Im schlechten Deutsch herrscht längst eine Allparteienkoalition. Wörter werden verklappt, Sätze geschreddert, bis nichts mehr übrig ist von Geist und Sinn und nur das vage Gefühl bleibt, hier rede jemand, der sich unbedingt im Recht wähnt...Kann man einer solchen Elite noch trauen?"

Obgleich seit 1990 die Wirtschaft um 30 Prozent wuchs, blieb die
Summe der Löhne unverändert. In den USA verdienen Arbeiter heute
das Gleiche wie 1970, während sich die Lebenshaltungskosten ver-
vielfachten.
Der "Spiegel" sprach von "neofeudalen" Zuständen auf beiden Seiten
des Atlantiks, indem das große Geld die Politik beherrscht. Durch
die Raubzüge der Reichen, Zensur, Lügen und Machtmissbrauch wurde
der "Populismus" die große prägende politische Bewegung unserer -
Zeit.
Die Fernsehanstalten haben einen großen Einfluss auf das Denken des
Bürgers. Deshalb versuchen Parteien, Regierungen und die Mächtigen
sie mit allen Mitteln unter Kontrolle zu bringen.
Dass sie zum Beispiel über Flüchtlinge und sonstige Fremde nur Posi-
tives berichten dürften, also Negatives wo irgend möglich zu unterdrücken hätten, dass sie sich somit als "Lügenpresse" in den Dienst
einer empörenden, vorsätzlichen Wirklichkeitsverfälschung stellten.
Der ehemalige Bundesinnen-minister Hans-Peter Friedrich sprach gar
von einem "Schweigekartell" der öffentlich rechtlichen Medien, eine
Ungeheuerlichkeit.
"Die Demokratie verwandelt sich alle vier Jahre in eine wiedergewäh-
lte Diktatur" Die Zeit (21.12.16, S.7)
Ob die Grünen, die Linken, die AfD - alle bekamen Schwierigkeiten -
mit dem System. Auch Sahra Wagenknecht und selbst Oskar Lafontaine
der immerhin zuvor Ministerpräsident des Saarlandes, Bundesminister
und SPD-Vorsitzender war, wurde von ehemaligen Genossen zum "Staats-
feind" erklärt und vom Verfassungsschutz observiert. Das Kölner Ver-
waltungsgericht erklärte dies als "rechtswidrig". Doch Bundesinnenminister Schäuble erklärte, das sei kein Anlass, von der bisherigen
Beobachtungspraxis abzuweichen.

Daraufhin entschied das Bundesverwaltungsgericht in Leipzig die Beobachtung von Bodo Ramelow ist rechtens und ignorierte zwei Gerichts-
beschlüsse, die die Praktiken als rechtswidrig beurteilt hatten.
Die Begründung, so der "Spiegel", liest sich wie eine Schrift aus dem
Kalten Krieg. Die Linken wollten RWE, Eon oder die Deutsche Bank ver-
staatlichen. Das sei eine "Diktatur des Proletariats".

Doch hierzu aus meinen Erinnerungen bezüglich des Grundgesetzes der
Bundesrepublik Deutschland Art.15 (Sozialisierung), oder wollten sich
jene Kräfte, der Leugnung oder des "Verfassungsbruchs schuldig machen".

Teil V

Die neuen Reich-Macher - aus clara Magazin DIE LINKE, im Bundestag

BlackRock ist der größte heute herrschende Vermögensverwalter. Das verwaltete Kapital von 5 Billionen US-Dollar ist 15-mal größer als der Haushalt des deutschn Staates.
Das Kapital holen sich die neuen Herren von Milliardärs-Clans aller Kontinente, von Unternehmensstiftungen, auch von Versicherungen, Konzernen und Banken, die lieber spekulieren lassen, statt zu investieren. Ab 50 Millionen ist man dabei, 500 Millionen sind besser.

Sie kaufen Eigentumsanteile an den wichtigsten Unternehmen. Zum Beispiel: In Deutschland wurde BlackRock Großaktionär in allen 30 DAX-Konzernen, von Adidas und BASF über Commerzbank und Deutsche Bank - bis Siemens und thyssenkrupp.

In einem Drittel der DAX-Konzerne ist BlackRock Hauptaktionär. So wurde BlackRock Miteigentümer nicht nur der Wichtigsten Unternehmen in Deutschland, sondern in282 der 300 weltgrößten Unternehmen, vor allem in den USA und in der EU, so bei Apple, Microsoft, Facebook, drängen auf Gewinnsteigerung und Kostensenkung.

BlackRock und Co. sind Miteigentümer der regulierten Wertpapier-Börsen wie der Deutschen Börse AG. Gleichzeitig aber organisieren sie in Dark Pools außerbörsliche Handelsplätze. In diesen schwarzen Löchern des Weltfinanzsystems vermitteln sie den direkten, staatlich unregulierten Kontakt zwischen Unternehmen, Banken und Investoren.

Alle Teilnehmer dieser dunklen Parallelwelt bleiben nach außen anonym. Die jeweilige staatliche Finanzaufsicht, wie in Deutschland die BaFin, wird ausgehebelt.

Die globale Finanzkrise seit dem Jahr 2007 hat die gravierenden Schwächen des globalen Finanzsystems offenbart und Kosten in Billionenhöhe verursacht. Durch schnellen Kauf und Verkauf eigener und fremder Wertpapiere können sie deren Kurs beeinflussen und davon profitieren.

In Jahr 2016 wurde der ehemalige CDU-Finanzpolitiker Friedrich Merz Aufsichtsratschef von BlackRock Deutschland. Er beklagt namens seines Arbeitgebers die zu hohen Löhne in EU-Staaten und setzt sich wie BlackRock-Chef Laurence Fink für eine private betriebliche Altersversorgung ein.
Wenn der Finanzkapitalismus von heute letztlich darauf hinausläuft, dass wenigen Superreichen die Welt gehört, kann auf diese undemokratische Machtkonzentration nur massive Umverteilung von oben nach unten sein.

Anmerkungen zu Kapital und Staat - Postkapitalismus

Wenn man bedenkt wie heute das große Kapital über Investitionsver-
waltungen - Beispiel Blackrock, über den gesamten Globus in den wichtigsten Unternehmungen gesteuert wird, muß klar werden... nur System-
veränderungen können hier helfen weitere Ausbeutung zu vermeiden.

Nach den Maßstäben des heutigen Weltfinanzsystems wurde ein Weg gefunden durch ständiges Wachstum, durch Kauf und Verkauf (Börse) manipulationen aller Art zur Profitmaximierung durchzuführen.
Auch die Auswirkungen der Weltfinanzkrise 2008 wurden geschickt um-
verteilt und somit den Staatshaushalten zugewiesen. Die Gewinne war-
en privatisiert und die Verluste wurden sozialisiert.

Dieses System der Profitmaximierung zu Lasten der Bevölkerungen kann
nur durch echte Vergesellschaftung (Sozialisierung) überwunden werden.
Vielfach wurde schon nachgewiesen das der Kapitalismus immer wieder
in zyklische Krisen mündet - ungleiche Verteilung-Kapitalakkumulation.
Deshalb ist es eine Illusion, innerhalb des kapitalistischen Systems
eine größere Verteilungsgerechtigkeit herzustellen.

Auf Europaebene wäre daher dringend eine erneute Systemdebatte von
nöten - die deutlicher als bisher die Organisationsform des Privat-
eigentums an den Produktionsmitteln und somit das Kommando des Kapitals
über die Arbeit erläutert. Das Eigentum an Produktionsmitteln ist kein
Gegenstand des Privatrechts, sondern des öffentlichen Rechts.
Gesellschaftliches statt privates Eigentum kann erst durch die politische Veränderung geschaffen werden - weshalb es der volkswirtschaftlich-
en Gesamtplanung einer sozialistischen Leitung bedarf, die dem Volks-
wohl verpflichtet ist.

Auch die militärische Komponente in Form von NATO-Einsätzen ist zu über-
denken, will man nicht Opfer dieses als Neoliberalismus proklamierten
Ausbeutersystems werden. Die Kapitalwelt hat sich inzwischen als die
eine abstrakte, fetischisierende Macht herausgebildet - verfügt über
die Menschen, auch über die Eigentümer, die sich heute an den Schein
des "Shareholder value" klammern, ohne zu merken, dass sie längst die
persönliche Freiheit verloren haben, über ihr Eigentum nach eigenen
Zielsetzungen zu verfügen.
Der Fetischcharakter des Kapitals - ist der Schein der die Menschen
im System des Kapitalismus als Wirklichkeit beherrscht.

Zur gegenwärtigen Situation nach 100 Jahren Oktoberrevolution 1917,
mit Erläuterungen aus Ossietzky und ÖDP-Journal.

Die damaligen russischen Ereignisse brachten eine neue Ordnung hervor
die das Analphabetentum beendete und eine neue Intelligenz - wie auch
selbstbewusste Arbeiter hervorbrachte. Sie sorgten dafür, dass die
nationalen Befreiungsbewegungen ihre Chance zur Entkolonialisierung
erhielten und trugen wesentlich zur Zerschlagung des Faschismus bei.

Damals gewannen die Bolschewiki Stimme um Stimme in den wichtigsten
Sowjets, sie gewannen Arbeiter, Soldaten und Bauern, und sie hatten
mit revolutionären Truppenteilen die Mittel, um die Kriegsverlängerer
die längst die demokratischen Freiheiten mit Füssen traten, zu stürzen.
Frieden, Klarheit der Losungen, die Interessen der arbeitenden Mensch-
en im Lande, das Setzen auf basisdemokratische Sowjets und eine mobil-
isierende Partei waren das Erfolgsrezept Lenins, das bis heute seine
Gültigkeit besitzt.

Wir erleben heute weit stärker als vor einem Vierteljahrhundert den
Vormarsch nationalkonservativer, rassistischer, mindestens faschisto-
ider Kräfte. Die heutige vielfältige und uneinige Linke versagt, hat
den Kampfgeist verloren und wird nicht mehr als jene radikale Alter-
native angenommen, die seit 1917 ganz selbstverständlich als Kraft gegen den Kapitalismus, für soziale Gerechtigkeit und Frieden anerkannt
wurde.
Heute gibt die Politik über die Massenmedien bestimmte Frames vor,-
durch die Ereignisse eine bestimmte Bedeutung erhalten. Seit den An-
schlägen 9/11 im Jahr 2001 dominiert der "Terror-Frame": so gut wie -
alle militärischen Operationen werden uns als "Krieg gegen den Terror"
verkauft. Schon im Ersten Weltkrieg spielte Erdöl eine Rolle, im Zweiten Weltkrieg auch. In unserer Zeit war sicher der Angriff auf den
Irak im Jahr 2003 ein Krieg um Erdöl. Der Angriff wurde ohne UNO-Mandat
durchgeführt und war daher illegal. Er kostete weit über 1 Mio. Mensch-
en das Leben. Der Syrienkrieg wirkt kompliziert durch eine Berichterstattung, in der nie von Geostrategie und Erdgas die Rede ist.

Krieg um Rohstoffe um diesen Wirtschaftsfeudalismus durch ständiges
weiteres Wachstum aufrechterhalten zu können - dies geht vor allem zu
Lasten unserer begrenzten Erde und späteren Generationen.
Dieses Monopolkapitalistische-System trägt nun einmal den Widerspruch
von zunehmenden Reichtum und daraus resultierender relativer Armut -
der breiten Massen in sich - weshalb es letztlich zu überwinden ist.

"Russland und China auf dem Weg, sich vom Dollarsystem zu befreien"

Beide Länder haben nicht nur ein Mammut-Energiegeschäft über die Lief-
erung russischen Erdgases an China, Vereinbarungen über die gemeinsame
Produktion von Militärflugzeugen und eine engere militärische Kooperation vereinbart, sondern beide sind jetzt auf dem Weg, sich von der
Domonanz des Dollarsystems zu befreien. Wenn sie damit Erfolg haben,
bedeutet es den Todesstoß für die globale Vormachtstellung Amerikas,
das berühmte "amerikanische Jahrhundert".
Anders als in der Stalin-Ära, als China noch zu den rückständigsten
Ländern der Welt gehörte, ist China heute ein wirtschaftlicher Gigant,
sodass sich der Dialog völlig anders gestaltet als in den 1950er -
und 1960er Jahren. Damals manipulierte der Westen Spannungen, die
1969 zum russisch-chinesischen Bruch führten, dem 1971 unter Nixon
und Kissinger die Öffnung der USA nach China folgte.

Weder China noch Russlnd haben Einzelheiten des kürzlich vereinbarten
400-Milliarden-Dollar-Gasgeschäfts bekannt gegeben, aber alles deutet
darauf hin, dass das Geschäft insgesamt, zumindest aber in großen Teil-
en, über bilaterale Währungsvereinbarungen unabhängig vom Dollar abge-
wickelt wird.
Da beide Länder schon jetzt Renminbi-Rubel-Arrangements nutzen, um der
Gefahr zu entgehen, dem Dollar zu stark ausgesetzt zu sein, könnte das
Gasgeschäft eine wesentliche Veränderung für die Rolle des Dollars als
Weltreservewährung bedeuten.
Die US-Regierung konnte nur deshalb 40 Jahre lang mit Handelsdefiziten
operieren, weil die übrige Welt so gehorsam wie töricht den Dollar als
stabile und sichere Währung betrachtet und mit ihrem Handelsüberschuss
US-Staatsanleihen aufkauft. Dies ist auch einer der Gründe dafür, dass
Washinton in der Lage war, von Irak bis Afghanistan mit "geliehenem -
Geld" Krieg zu führen.

China ist diese verdrehte Realität mittlerweile klar geworden. Heute
ist China der größte Halter amerikanischer Staatsanleihen und anderer
in US-Dollar ausgewiesener Papiere. Das Land besitzt insgesamt 3,8
Billionen Dollar als Reserven, davon circa 60 Prozent in US-Staatspa-
pieren. Die Stärke des Euro in letzter Zeit ist darauf zurückzuführen
dass China Euros aufkauft. Gleichzeitig kauft die chinesische Zentral-
bank seit einiger Zeit auf den internationalen Märkten in großem Stil
Gold, um die eigenen Goldreserven aufzustocken.

Die Journalisten stehen vor der durchaus schwierigen Aufgabe, genau
so viel Meinungsfreiheit zu demonstrieren, wie Scheinobjektivität
erfordert, aber durch das Ausblenden von Ursachen und Interessen
nicht anzuecken.

Beschwiegen werden die Folgen der Rücksicht auf die Interessen der
Medieneigentümer und Anzeigenkunden, der Mangel an Zeit und Geld -
für Recherchen und der Rückgriff auf PR-Agenturen, die Existenz dis-
kreter Fabriken der Desinformation (Peter Scholl-Latour), die Dis-
ziplinierung durch Zeitverträge, der Zusammenhang von Karriere und
Selbstzensur.

Bessere Honorare für Beiträge, die den Mächtigen gefallen, Hofberichterstattung infolge allzu enger Kontakte mit Politikern, der
Mainstream als Parteinahme für die Elite, zu der man selbst gehört,
redaktionelle Vorgaben und Anpassungsdruck als Ursache für die Tendenz zu Selbstgleichschaltung, Meinungshomogenität durch Ausgrenzung
allzu deutlicher Abweichler - die sich aus dem ergebende Kluft zwischen öffentlicher und veröffentlichter Meinung.

Indem die selbsternannten Leitmedien bei ihrer Selbstreflexion diese
Fragen weitgehend aussparen, belegen sie freiwillg den Hauptvorwurf
gegen sie: Lügen durch Weglassen.

Der Unterschied von öffentlicher Meinung und veröffentlichter Meinung
der Übergang von der "Gesinnungspresse zur Geschäftspresse", wie es
Jürgen Habermas in einem Buch "Strukturwandel der Öffentlichkeit"
nannte, zeichnete sich Anfang des Jahrhunderts ab und spiegelt sich
auch in den Sätzen Goethes. Für Großkonzerne gilt Rudolf Hilferdings
Satz, dass es ihnen nicht um Freiheit, sondern um Herrschaft geht.

In Bezug auf das Ganze der Gesellschaft ist ihre Aufgabe, deren Unver-
änderbarkeit, Unabänderlichkeit und Richtigkeit zu verkünden, die -
"große Lüge" zu verbreiten, wie Peter Hacks ihre Existenzberechtigung
herleitete. Die moderne Wirklichkeit ist abstoßend, mißt man sie an
den ästhetischen Normen tradierter Hochkulturen - ist sie vulgär, ge-
schmacklos, laut, gierig, desorientiert, grausam, oberflächlich, un-
appetitlich, widerwärtig und selbstzerstörerisch. Am Ausgang des 20.
Jahrhunderts steht eine verwüstete, kahle, verseuchte Welt, in der
man die Opfer bejammert, von Verantwortung und Betroffenheit schwatzt
und daran geht, die letzten kulturellen Bestände zu verjubeln.

Vollziehende Gewalt und Rechtsprechung sind an Gesetz und Recht gebunden, sagt Art. 20 Abs.3 GG -'Die Richter sind unabhäggig und nur dem Gesetz unterworfen'. Diese Bindung beziehungsweise Unterwerfung muss das Gesetz leisten, wenn der Wille des Volkes verwirklicht werden soll - sonst wird das Rechtsprinzip gröblich missachtet.

'Welche Werte meint Angela Merkel, wenn sie von "unseren Werten" spricht, die der Deutschen, die der "Europäer", die der Vereinten Nationen oder schlicht nur ihre eigenen?

Wenn die fragwürdigen Werte es gebieten, werden die Gesetze schlicht beiseitegeschoben, wie wir das während der Kanzlerschaft Merkels - vielfach in zunehmend schädlicher Weise erleben mussten.

Wer die Gesetze zur Disposition des Moralismus oder eben von Ideologien genauso wie auch religiöser Maximen stellt, gibt den Rechtsstaat auf. Er gibt zugleich die Freiheit auf und stellt sich gegen den Willen des Volkes. Er verletzt das demokratische Prinzip der Republik.

Es gibt keine Moralität gegen das Recht. Das Prinzip der Sittlichkeit, das Sittengesetz, ist zunächst einmal die Pflicht - das Recht zu verwirklichen. Nicht jedes Gesetz schafft Recht, aber die Gesetze müssen geachtet werden, solange ihre Rechtwidrigkeit nicht festgestellt ist und sie nicht geändert sind.

Das Versagen der parteienstaatlichen Demokratie bringt das demokratische Prinzip zunehmend in Misskredit. Es gibt eine Tendenz zu autoritären Herrschaftsformen, zu der freilich die Parteienoligarchie selbst gehört.
'Die Vertreter des Volkes sind dessen Diener, nicht dessen Herren. Verbindlichkeit schafft allein der Wille des Volkes, nicht der der Vertreter. Es gibt eine Willensbildung des Volkes, nicht eine Willensbildung des Staates, von der gern gesprochen wird. Die gesetzgeberische Vertretung des ganzen Volkes ist Amt des gesamten Parlaments.

Es gibt keine Freiheit, zu tun und zu lassen, was man will, keine Freiheit zur Willkür oder zur Beliebigkeit, sondern nach dem Wortlaut des Grundrechts hat "jeder das Recht auf die freie Entfaltung seiner Persönlichkeit, soweit er nicht die Rechte anderer verletzt und nicht - gegen die verfassungsmäßige Ordnung oder des Sittengesetz verstößt".

Der Bürger ist der Souverän. Es gibt in der Republik niemanden der über ihm steht. Der Bundespräsident ist Diener der Bürger, Staatsdiener, mehr nicht. Prof.Dr. jur. Karl Albrecht Schachtschneider.

Ein Abriss der wesentlichen Entwicklungen bis zur umstrittenen Europa-
Politik - Die Nationalstaaten werden immer weiter zurückgedrängt.

Eine einzige Fehlentwicklung stellt für mich die politische Entwicklung seit dem Anschluss der ehemaligen DDR (Zwei plus Vier Verträge)
dar. Helmut Kohls Vorstellungen einer Europäisierung mit deutscher -
Dominanz - hatte Angela Merkel zu der absurden Aussage: "Deutschland
habe keinen immerwährenden Abspruch auf seine demokratischen Verfassungsrechte veranlasst". (erkennbare totalitäre Strukturen)

Die Auslandseinsätze der deutschen Bundeswehr als Vasallen innerhalb
der NATO-Strategieplanungen, lassen ebenfalls diesen negativen Trend
erkennen, wie auch die anlasslose Totalüberwachung der Bevölkerung.

Eine faktisch erkennbare zunehmende Einschränkung der Bevölkerungs-
rechte "Der Verrat" SPIEGEL 2015, und die TTIP-Geheimverhandlungen
lassen sich nicht leugnen.

Systemverändernde Rechtsbrüche werden von Prof. Schachtschneider bezüglich der Übertragung von Hoheitsrechten zur gemeinsamen Ausübung
in der Europäischen Union ausgemacht. Das Grundgesetz schützt indivi-
duelle Freiheit - als Selbstbestimmung des Einzelnen - nicht mit dem
Ziel, bindungslose Selbstherrlichkeit und rücksichtslose Interessen-
durchsetzung zu fördern. Die Kommission und der Europäische Gerichts-
hof unterwerfen staatliche und kommunale Verwaltungen weitgehendst
dem Markt und Wettbewerbsprinzip.

Die Umgestaltung der Wirtschaftsordnung in der Europäischen Union -
nach den Vorstellungen Macrons und Junckers durch mehr Konzentration
innerhalb dieser - lässt weitere Souveränitätseinbussen der EU-Natio-
nalstaaten erwarten.

Zur Gegenwartsentwicklung schreibt Jürgen Elsässer in COMPACT 9/2017
über Weltkrieg und Kanzlerdämmerung - dieses System braucht den Krieg:
Im Dollar-Imperialismus ist die Papiergeldmenge nicht mehr durch stof-
fliche Produktion gedeckt. Die inflationäre Blase muss in einer Super-
nova explodieren, wenn das US-Militär nicht ständig bei anderen Nationen erpresst und raubt, was in der eigenen Leistungsbilanz fehlt.

Je größer das Außenhandelsdefizit der USA, umso stärker der Imperativ
des Krieges. Dass Merkel am Ende bei jedem militärischen Wahnsinn des
Großen Bruders mitzieht, hat sie schon 2003 als Oppositiosführerin bewiesen - als sie die völkerrechtswidrige Irak-Aggression unterstützte.

Souverän ist wer frei ist, so Prof. Karl Albrecht Schachtschneider.

Die Zugeständnisse, die die Bundeskanzler, wenn sie ihr Amt antreten, gemäß der Deutschlandakte machen oder machen sollen, betreffen das Besatzungsrecht, das Deutschland nicht nachträglich ins Unrecht setzen darf. Weitaus bedeutsamer als die Sorge um die rechtliche Souveränität ist die innere Abhängigkeit der politischen Klasse Deutschlands von den Interessen fremder Staaten. Die Unterwerfungspolitik erfährt gegenwärtig in der Euro-Rettungspolitik einen neuen Höhepunkt den man als Staatsstreich der politischen Klasse kritisieren muss; denn sie will ohne und gegen den Willen des Deutschen Volkes den europäischen Unionsstaat erzwingen. Gegen diesen Staatsstreich ist Widerstand geboten. Er muss das rechte Maß wahren, also, solange es geht, gewaltlos im Sinne Mahatma Gandhis mittels Demonstrationen, Wahlen, notfalls Arbeitsniederlegung/Generalstreik erfolgen.

"Die Grundprinzipien der europäischen Friedensarchitektur" sind eben nicht erst durch die "Annexion der Krim" in Frage gestellt worden - sondern spätestens durch die NATO. Auch 1999 ging es um Separatisten kroatische, slowenische, vom Westen unterstützt, auch um den russischen Einfluss zu schwächen. Vier Jahre nach dem Gemetzel in Srebrenica als die Konflikte längst weitgehend unter Kontrolle waren, hat der Westen mit aktiver deutscher Beteiligung unter dem fadenscheinigen Vorwand einen Völkermord verhindern zu wollen, einen sinnlosen, zerstörerischen Angriffskrieg gegen Restjugoslawien geführt. Da spielten das Völkerrecht und territoriale Unversehrtheit keine Rolle, da wurden vom Verbündeten Russlands Gebiete abgetrennt, neue Grenzen gezogen und im Kosovo ungefragt die größte ausländische Militärbasis der US-Armee errichtet.

Russland ist kein Gegensatz zu Europa, sondern sein Bestandteil. Bis zum Ural auch geografisch. Doch von einem Bündnis unter Einbeziehung Russlands wollte die NATO nichts wissen. Sie setzte auf verharmlosend "Abschreckung" genannte existentielle Bedrohung: NATO-Osterweiterung, Modernisierung taktischer Atomwaffen, Raketenabwehrsysteme in Polen und Rumänien, die auch Angriffssysteme sind, wirtschaftliche Sanktionen und Truppenbewegungen an der russischen Grenze - NATO-Übungen.

Wandel durch Annäherung hat zu Entspannung geführt, nicht Wandel zur Abschreckung. Man sollte doch den Ratschlag von Paul Craig Roberts annehmen, mit anderen Europäern zusammen den NATO-Ausstieg in Betracht zu ziehen - um den Kontinent zu retten.

Meldung: Oxfam beklagt bei den Reichen die Ungleichheit 26.1.2018

Vor dem Treffen mächtiger Politiker, Kapitalisten und Manager beim "Weltwirtschaftsforum" in Davos, schockt die britische karitative - Organisation - Oxfam die Welt mit neuen Zahlen zur sozialen Ungleichheit. 82 Prozent des globalen Vermögenswachstums gingen im letzten Jahr an das reichste Prozent der Weltbevölkerung.

Zu dieser Meldung passt, dass regelmäßig in Publikationen der Verfassungsschutzbehörden von Bund und Ländern der Eindruck erweckt wird, dass Antikapitalismus und Antifaschismus als "linksextremistische - Aktionsfelder" per se nicht mit der freiheitlichen demokratischen Grundordnung (FDGO) vereinbar sei.
Wer Kriege, das Aufkommen von faschistischen Parteien oder Massenentlassungen nicht als Schicksal oder Zufälligkeiten, sondern als zwangsläufige Folgen des Kapitalismus sieht und aus dieser Erkenntnis heraus für eine nicht-kapitalistische Wirtschafts- und Gesellschaftsordnung eintritt, verlässt nach Ansicht der Bundesregierung den Boden der FDGO.

Weitere Anmerkungen zur Selbstbeschädigung Deutschlands: Die Starken bestrafen die Schwachen. Jetzt wo Merkel an politischem Gewicht verliert (Wahl Sept.17), steht ihr doch schon der französische Präsident Macron zur Seite um genau die geplanten Totalitären-Strukturen in - "Europa" zu straffen.

In dem Buch "Kontrollverlust" wird beschrieben wie unsere Eliten unsere persönliche und finanzielle Freiheit zerstören. Auch unser Vermögen und unser Wohlstand sind in Gefahr.
Thorsten Schulte demonstriert, wie Bundeskanzlerin Merkel nach Belieben gegen Recht und Gesetz verstößt und Verträge bricht. Er zeigt aber auch, wie Brüsseler Technokraten immer mehr Macht an sich reißen und den deutschen Bürger entmündigen.

Wir dürfen unsere Freiheit, den Schutz unserer Privatsphäre, das Recht auf eine eigene Meinung, den Anspruch auf Meinungsvielfalt, die Rechtsstaatlichkeit und unser Bargeld als Voraussetzung für Freiheit und Privatsphäre nicht preisgeben.
Denn eines ist klar: Haben wir unsere Freiheit erst einmal verloren, werden wir sie nie wieder zurückbekommen.

"Wenn man eine wirkliche Weltordnung haben will, eine globale politische Ordnung, dann wird man nicht umhinkommen, an einigen Stellen auch Souveränität, Rechte an andere abzugeben (Merkel 4.6.2011)."

Arme sind auch Menschen von Georg Rammer

Entwertung, Ohnmacht, Demütigung, Entwürdigung, Verbitterung, Schuld und Scham: Das sind Kategorien der Subjektivität, ohne die Armut und Ungl-eichheit in ihren Auswirkungen nicht zu verstehen und Gegenstrategien nicht zu entwickeln.

Das es in Deutschland Armut gibt wird nicht mehr geleugnet. Der Armuts- und Reichtumsbericht der Bundesregierung wie auch die Kinderarmutsstudie der Bertelsmann-Stiftung (Oktober 2017) präsentierten Daten über wachsende Kinderarmut als Dauerzustand. Die Politik beschwichtigt und geht zur Tagesordnung, also zur Wirtschaftsförderung... über.

Mit der Angst verbindet sich die Scham: Die infame Schuldzuweisung an die Armen, sie selbst seien ihres Elends Grund, wurde von vielen Betroffenen verinnerlicht. Die Armut wächst weil Vermögen und Profit der Reichen wachsen. Dabei sind die Statistiken zur ungerechten Vermögensverteilung noch irreführend, weil sehr hohe Vermögen gar nicht erfasst werden.

Der hierzu feststellbare Kostümauftritt gereicht neben Verspottung - nur noch zur Hilflosigkeit dieser Person - auch noch eine gemeinsame Lösung finden zu müssen.

Armut bedeutet Dauerstress, ständige seelische Belastung in Familien; sie erlaubt kein selbstbestimmtes Leben. Der Sozialmediziener Gerhard Trabert listete die Krankheiten auf, die armutsbedingt häufiger auftreten: Herzkrankheiten, Schlaganfall, Krebs-, Magen und Lebererkrankungen, Ängste, Depression, Unfälle, Erkrankungen der Verdaung, der - Atemwege, Schlaf- und Menstruationsstörungen, Kopf- und Rückenschmerzen. Selbsttötungsversuche finden sich bis zu 20-mal häufiger bei Arbeitslosen als bei verleichbaren Gruppen von Erwerbstätigen.

Für Deutschland gilt: Die durchaus gewollte Demütigung und persönliche Entwertung durch die Hartz-Gesetze, die Zerstörung des Selbstbewußtseins waren und sind beabsichtigte "Kollateralschäden" - ebenso die Schwächung der Gewerkschaften. Armut und Ungleichheit wirken als Gewalt. Sie zerstören das Selbstbewusstsein, versagen Mitgefühl und Respekt und entziehen Lebensenergie.

UN-Generalsekretär Antonio Guterres hat auf der ansonsten von Hard-
linern dominierten Münchner Sicherheitskonverenz als einziger die -
dramatisch gefährliche Kriegssituation in der Welt nachgezeichnet.
Und er hat als einziger der Russischen Föderation gedankt für die
Konverenz in Sotschi, die eine Friedenslösung und freie Wahlen in
Syrien gefordert hat, vom Westen boykottiert und von der Großpresse
nur kritisiert wurde.
In München wurde auch die angebliche Notwendigkeit neuer, kleinerer
Atomwaffen debattiert, die die Hemmschwelle angeblich erhöhen sollen.
Eine der letzten Reden Egon Bahrs galt dem 60. Jahrestag des Russel-
Einstein-Manifestes im Juli 2015. Darin erinnert er an etwas, was
doch eigentlich alle wissen: Die atomare Zweitschlagfähigkeit, über
die alle A-Mächte verfügen, macht die klassische Hoffnung auf Sieg
im Krieg sinnlos. Wer zuerst schlägt, stirbt als zweiter, setzt die
verückte Bereitschaft zum eigenen Ende voraus.
Die Theorie der Abschreckung sei eine unverwertbare Theorie geworden.
Sicherheit voreinander muss durch Sicherheit miteinander ersetzt werden.
Als vor 20 Jahren der Willy-Brandt-Kreis auf Initiative von Bahr gegründet wurde, ein inoffizieller Gesprächskreis von linken Sozialdemo-
kraten und Linken mit und ohne Parteibuch, hieß es im Gründungsaufruf:
"Der Mangel an Orientierung für Deutschland und Europa ist offenbar.
Die gesamteuropäische Stabilität muss über und vor die Erweiterung
der NATO gestellt werden. Ein ungebändigter Kapitalismus vernachlässigt sein wertvollstes Kapital, den Menschen. Transnationale Großunt-
ernehmen operieren ohne Gegenmacht und unterminieren die Demokratie."

Gegen NATO-Logik kam auch ein Egon Bahr nicht an, aber er ließ nicht
locker. Zu einem normalen Selbstwertgefühl gehöre auch die Fähigkeit,
eimal Nein zu Vorschlägen der Verbündeten zu sagen, beharrte er.
"Die konzeptionslose Ausweitung der NATO - bis wohin eigentlich?-,
ohne die vereinbarte Partnerschaft mit Russland zu vollziehen, möge
Deutschland verhindern."

"Später beklagte Egon Bahr - die NATO-Osterweiterung sei ein Jahrhund-
ert-Fehler gewesen."
Wer sich mit Russland einlässt, kann die Berührung mit Tragik nicht
vermeiden, war seine Erfahrung.

Volksverdummung durch Politiker und Medien (ARD/ZDF Deutschlandfunk)

Aufgrund der eben am 13.01.2018 im Radio gehörten Frühnachrichten,
die geradezu mit größtem Wohlwollen eine positive Auswahl an Meldungen der Koalitionsgespräche zur Fortsetzung der vorigen Regierung
brachten, möchte ich doch einige eigene Überlegungen hierzu festhalten.

Mit der beschlossenen SPD-Mitgliederabstimmung am 21.Januar 2018, ob
eine Beteiligung durch den Parteivorsitzenden Martin Schulz an einer
weiteren Großen Koaliation - mit der CDU-Merkels zur Regierungsbild-
ung - wird Entscheidungs-Wichtiges für die Zukunft des deutschen Volkes
erwartet. (Auch bezüglich des Lobbyismus und Privatisierungen)

Die EU dessen vormaliger Parlamentspräsident Martin Schulz (SPD) war,
beabsichtigt Europa zu straffen - im Frankreich-Macrons aus dem öffentlichen Dienst hunderte zu entlassen und auch Merkels TTIP-Pläne durchzusetzen. Damit würden die nationalen Rechte der deutschen Bevölkerung
weiter eingeschränkt - und den Konzernen ein eigenes Rechtswesen zu-
gebilligt.
Die Politik scheint auch aus der Finanzkrise 2008 nichts gelernt zu-
haben, die geplanten Freihandelsabkommen CETA, TTIP und TiSA sollen
im Gegenteil die Deregulierung und Liberalisierung noch ausweiten.
Auch eine militärische Ergänzung innerhalb der Transatlantischen-Szene
zu neuen 'gemeinsamen Projekten' durch die EU - wäre ohne Rücksicht
auf nationale Belange möglich.

Auch die Mikrowellen-Waffentechnik hat sich seit der von Merkel als
Umweltministerin 1997, als sog. "Elektrosmogverordnung", ins Leben
gerufen enorm weiterentwickelt. Dies dient einer angeblichen Gefahren-
abwehr und legt die Gefahrenschwelle abstrakt fest.

Hierzu ist bei Holger Strohm "Demokratie in Gefahr", Was ist aus Deutschland geworden? nachzulesen: Die Herrschenden sind mittlerweile völlig abgekoppelt vom Volk. " Der Wähler, der berechtigter Weise zunehmend nicht wählt und seine Stimme behält, um sie zu erheben, will in
allen wesentlichen Politikbereichen das genaue Gegenteil von dem, was
die sogenannten "Volksvertreter" im Bundestag beschließen.

Die Politik in der BRD hat inzwischen jede Bodenhaftung verloren.
Euro, Gentechnik, Kriegseinsätze der Bundeswehr, Frühsexualisierung,
CO2 und Klimawandel, Einwanderungs- und Ausländerpolitik, EU-Militari-
sierung der EUROGENFORCE, Rettungsschirme und Lissabonvertrag.

Anmerkungen zu Kanzlerin Merkels Chefsache "Afghanistan"

"Unser Land macht sich zum Komplizen im Drogenhandel, zur selben
Zeit, in der wir unzählige Dollars dafür ausgeben, die durch Drogen
verursachten Probleme in den Griff zu bekommen - es ist unglaublich."

Die CIA finanziert sich im großen Stil durch Drogenhandel. In Afghanistan wird Rohopium industriemäßig auf riesigen Flächen angebaut -
mit einem Marktwert von 800 Milliarden Dollar jährlich.

"Dies geschehe unter den wachsamen Augen des Militärs". Doch wer darüber berichtet, riskiert sein Leben. So z.B. der ehemalige Drogen-
fahnder Michael C. Ruppert, Gary Webb und viele weitere bekannte Journalisten, die plötzlich alle Selbstmord begingen. Der Pulitzer-Preis-
träger Gary Webb soll sich dabei gleich mit zwei tödlichen Kopfschüs-
sen ins Jenseits befördert haben. Michael Levin, ein preisgekrönter
amerikanischer Journalist, schreibt: "Der Kokainhandel stellt eine
wichtige Finanzierungsquelle für die verdeckten Operationen der CIA
dar."
Indem die CIA Drogengelder statt vom Kongress bewilligte Mittel ver-
wendete, konnte der Geheimdienst schalten und walten, ohne für seine
Aktionen und Ausgaben der US-Regierung Rechenschaft ablegen zu müssen.
Besonders hart kritisiert Levine die Medien, die von den Drogenbaron-
en "über das Geld kontrolliert werden". Sie belügen das Volk systematisch und betreiben Kriegshetze.
Im Krieg in Panama, bei denen tausende Babys, Kinder und Frauen durch
moderne Waffen zerfetzt und durch löchert wurden, um Manuell Noriega
zu verhaften, der seine Drogengeschäfte nahezu zwei Jahtzehnte lang
unter dem Schutz der CIA abwicklte, verwandelten sie die Verbrechen
in eine dreiste Lügengeschichte.
So überzeugend war die Propaganda, dass der amerikanische Präsident
der eigentlich vor ein Kriegsverbrechertribunal gehört, in Beliebt-
heitsumfragen kräftig zulegte. Und die CIA brüstete sich sogar mit
ihrer Fähigkeit "in den Medien nach Belieben manipulieren zu können."
Auch Starjournalist Erich Kuby ist skeptisch über die Medienbericht-
erstattung und wie sie die Deutschen im Griff haben: "Die Nazis kommen nicht wieder." Aber durch die Hintertür machen sich erneut fasch-
istische Ideologien breit: Der deutsche Mensch tritt wieder an. "Er
wird den neuen Kampf, in den er gelockt wird, genauso kämpfen, wie
er von 1914 bis 1918, von 1939 bis 1945 gekämpft hat". Die Medien
machen es möglich.

Das Ende der Gerechtigkeit – Ein Richter schlägt Alarm

Jens Gnisa ist Vorsitzender des Deutschen Richterbundes. Täglich erlebt er, wie der Rechtsstaat durch die Politik ausgehöhlt wird und sich normale Bürger in unserem Land nicht mehr sicher fühlen.

Ich habe das noch im Ohr – kommt, kommt wir brauchen euch (Merkel), kein Wunder bei 1 Million Auswanderer aus Merkel-Deutschland!
Die Hauptwaffenverkäuferin Merkel – U-Boote an Israel, Leopard-Panzer an Saudi Arabien und vieles mehr an alle möglichen Krisenstaaten bis nach Schwarz-Afrika, wobei es ihr egal ist ob sie an etwas Schuld ist – unfähiger geht es wirklich nicht mehr!

Zur Erinnerung DER SPIEGEL bereits 2015 "Der Verrat, auf der Titelseite". Jens Gnisa ist Vorsitzender und schildert, wie die Unabhängigkeit des Rechtsstaates, einer der Grundpfeiler unser Demokratie – massiv beschädigt wird. Und in eindringlichen Worten fordert er, ihn jetzt zu stärken. Ansonsten droht das Ende der Gerechtigkeit.

Denn Kanzlerin Merkels öffentliche Aussage, dass Deutschland keinen immerwährenden Anspruch auf seine demokratischen Verfassungsrechte habe, bezeugt von der Deutschen Presseagentur Berlin, lässt noch – schlimmeres befürchten!

Wenn das alles kein "Geschmäckle nach Mafia-Kanzler Kohl hat", dessen Mädchen schließlich die heutige Kanzlerin Merkel war – "Die Patin".

Wenn es kritisch wird

Hochverrat ist kein Bagatellfall für die deutsche Justiz, gerade für das Bundesverfassungsgericht und dessen Nichtannahme der Verfassungsbeschwerde meines Fachanwalts. Doch das Ende des Rechtsstaats?

Der deutsche Rechtsstaat hat noch einen weiteren Geburtsfehler, der ihn gefährdet: Das Weisungsrecht gegenüber Staatsanwälten. Zwar sind die Richter unabhängig, aber das gilt nicht für die Staatsanwälte. Ihnen sind "in doppelter Hinsicht die Hände gebunden": Zum einen muss ein Staatsanwalt Weisungen seines Behördenleiters entgegennehmen. Er ist dem leitenden Oberstaatsanwalt unterstellt und über dem sitzt der Generalstaatsanwalt.

Diese Hierachie ist zunächst einmal nützlich, weil sie die Anklagepraxis vereinheitlicht. Problematisch ist jedoch das externe Weisungsrecht – das des Justizministers. Der Justizminister kann die Anweisung erteilen, Ermittlungen aufzunehmen oder fallen zu lassen ???

Frederick Forsyth (Britischer Bestsellerautor) "Zudem muss eine -
freie Presse die Opposition ergänzen. Sie darf sich also nicht mit
dem Establishment ins Bett legen oder gar zu dessen Sprachrohr mach-
en, wie das seit langer Zeit in Deutschland schon der Fall ist."

Dabei sind es häufig Journalisten, die immer wieder auf Zensur und
den Bruch der Verfassung hinweisen. So räumte ausgerechnet John Swin-
ton, der ehemalige Chefredakteur der "New York Times", mit der Illu-
sion der Pressefreiheit auf.
Wir sind die Hampelmänner: Sie ziehen die Strippen und wir tanzen....
Wir sind intellektuelle Prostituierte. Ähnlich sieht es Paul Craig
Roberts, ehemaliger Minister unter Ronald Reagan und Herausgeber des
"Wall Street Journals". Er gibt eine vernichtende Beurteilung über
die westlichen Medien ab: Sie seien eine Propagandamaschinerie ohne
Integrität, moralisches Gewissen und Achtung vor der Wahrheit. Die
Pressefreiheit würde als "Freiheit die Öffentlichkeit zu belügen" -
missbraucht. Die verabscheuungswürdigen westlichen Medien rechtfert-
igen die entsetzlichen Kriegsverbrechen, die von den Regierungen un-
ter Clinton, Bush und Obama in Afghanistan, Irak, Libyen, Pakistan,
Jemen, Syrien, Somalia, Palästina und in den russischen Gebieten der
Ukraine begangen würden.

"Belohnt wird Konformität, bestraft wird der Verstoß gegen das über-
einstimmende Urteil:" Elisabeth Noelle-Neumann (deut. Meinungsforsch.)

Lothar Loewe, Peter Scholl-Latour, Wolf von Lojewski, Dagobert Lind-
lau und Dieter Kronzucker äußerten sich bei Maischberger kritisch -
über die Zensur, die immer mehr um sich greift. Hofberichterstattung
gab es schon immer, aber heute zähmt der ökonomische Druck Kritik.

Unter Journalisten herrsche ein Klima der Angst und sie hätten das
Gefühl, in ihrer Arbeit vollständig überwacht zu werden.
Jean Ziegler in dem Vorwort des Buches: "Dazu bedient man sich der -
"Kreissäge". Damit wird die gesamt amerikanische Maschinerie der In-
formationsverhinderung, Präventiv-Zensur und Ausschaltung unbotmäßi-
ger Journalisten bezeichnet. Die bezahlten Söldner der Großkonzerne
und der staatlichen Exekutivgewalt verhindern mit allen - wörtlich
allen - Mitteln das Erscheinen kritischer Berichte...Ein Fernsehrep-
orter, Journalist oder Buch-autor, der sich diesem Diktat nicht beu-
gt, wird gnadenlos verfolgt...Die Zensur der freien Gedanken, des in-
vestigativen Journalismus, der vorurteilslosen Berichterstattung ist,
dass wussten schon die Römer, die letzte Waffe des Imperiums.

"Council on Foreign Relations" (CFR, Rat für auswertige Beziehungen)
Heute hat der CFR über 5000 Mitglieder. Praktisch alle wichtigen
Konzernchefs der Fortune 500, Abgeordnete der Großbanken, Politiker
beider Parteien und ihre Berater, Wissenschaftler, Militärs, Journalisten und Medienpersönlichkeiten.
Hinzu kommen die Mitglieder der sogenannten "Roundtable", Hunderte
der einflussreichsten Manager der großen multinatinalen Konzerne -
Drogen-Barone und Mafia-Oligarchen. Über die enorme Bedeutung dieser "mächtigsten jüdischen Organisation" schreibt das österreichi-
sche "Inter-Info", dass diese bereits kurz nach Ausbruch des Zweit-
en Weltkrieges, den Plan entwickelten, "diesen Krieg zum Weltkrieg
auszuweiten, um die Neue Weltordnung, also die Lobby-Weltregierung
errichten zu können".
Es sollte so etwas geben, wie den Internationalen Währungsfonds, wie
die Weltbank und die Vereinten Nationen. Um die Neue Weltordnung zu
integrieren, sollten die USA die dominierende Macht sein. Hillary
Clinton erklärte, dass Washington nach den Vorgaben des CFR handelt.

Laut Zbigniew Brzezinski (Sicherheitsberater amerikanischer Präsidenten) wird die indirekte US-Herrschaft über ihren Vasallenstaat -
Deutschland über die Einflussnahme auf deren Eliten in Politik, Wirtschaft, Medien, Recht und Kultur ausgeübt. In enger Zusammenarbeit
mit amerikanischen Elite-Zirkeln und den CIA werden "young leaders"
für gehobene Positionen speziell in Politik und Medien herangebildet.

In der Atlantik-Brücke befinden sich rund 1500 Mitglieder - unter ihn-
en auch hohe Militärs und Richter, die durch den Vorstand berufen
werden. Sie setzen sich dann für die Neue Weltordnung, Globalisierung, Freihandelsverträge, eine zentralistische EU, Liberalisierung
von Wasser oder Bildung, Verteufelung von Putin, für Kriege zur Res-
sourcensicherung und amerikanische Interessen ein. Die Medien gaben
ihre Rolle als vierte Gewalt in der BRD freiwillig auf. Sie akzeptieren, die Macht der Mächtigen nicht länger zu hinterfragen, sondern
lassen sich zur Machtsicherung instrumentalisieren.

Gary Webb, ein mit vielen Preisen ausgezeichneter amerikanischer Journalist, berichtet über ein absolutes Tabuthema, von denen Massenmedien
nicht ein Wort schreiben dürfen. So z.B. über den Internationalen Drogenhandel, der von amerikanischen Präsidenten, Ministern, Behörden -
und Geheimdiensten gesteuert wird.

Im Wahlkampf versprach Trump er sei gegen die Neue Weltordnung, Frei-
handel, Globalisierung, Wall Street, Großbanken, Überfremdung u.a.

Was in den USA hergestellt werden kann, soll auch dort produziert
werden. Tramp vertrat im Wahlkampf radikale linke Positionen. Die
Frankfurter Allgemeine Zeitung stellte fest: "Der Milliardär Trump
und der Sozialist Sanders sind sich viel ähnlicher als vermutet".
Trump versprach, für mehr Gerechtigkeit zwischen denen, die arbeiten
und denen, die das große Geld machen, zu sorgen. Durch Nafta und Globalisierung wurden Millionen amerikanische Arbeitsplätze nach Asien
und in Billiglohnländer verlegt,

Auch außenpolitisch wollte Trump neue Wege gehen, indem die USA aus
der NATO austritt, die in Trumps Augen ein Kriegstreiber ist. Er versprach, dass die USA von der Rolle als Weltpolizist zurücktritt, denn
das will die große Mehrheit der Amerikaner. Die fehlgeschlagenen Kriege
in Afghanistan, dem Irak und Libyen seien ein Desaster. Die Lage wäre
sehr viel stabiler, wenn Saddam Hussein oder Muammar al- Gadafi weiterhin an der Macht wären. Mike Flynn, ehemaliger Chef des Militärge-
heimdienstes und Trumps Berater, sprach von Obamas und Clintons ent-
setzlicher Dummheit:":Warum zur Hölle haben wir in Libyen interveniert,
es war unverantwortlich und gefährlich für unsere Sicherheit und die
Sicherheit Europas."

Der Friedensnobelpreisträger Obama versprach die Abschaffung der Atomwaffen, eine gute Zusammenarbeit mit Russland, den Abzug der US-Trup-
pen aus dem Irak und aus Afghanistan - mit seinen geheimen Drohnenan-
griffen ermordete er ein Vielfaches an unschuldigen Opfern von dem
was auf Bushs Konto geht. Obamas Regierung verfolgte eine irreführende
Informationspolitik, setzte auf elektronische Überwachung von Journalisten und sei für eine dramatisch angestiegene Strafverfolgung von In-
formanten und Investigativreportern verantwortlich.
Die "New York Times" schrieb, wenn das Pentagon Spionage und Journalismus in einen Topf werfe "geht das in dieselbe Richtung wie die Propaganda autoritärer Regierungen".

Möchte ich noch anmerken, dass in letzter Zeit immer öfter Meldungen
von sexuell motivierten Übergriffen an Frauen verbreitet werden -
doch ist es ungleich schlimmer über Mikrowellen-Manipulationen sexuell
stimmuliert und auch organisch genötigt zu werden "perverses Verbrechen".

Nachwort

Jetzt wo Horst Seehofer nach 10 Jahren Ministerpräsident Bayerns –
sein Staatsamt als Bundesinnenminister der Bundesrepublik Deutschland angetreten hat, darf an seine aktuelle Aussage erinnert werden.
In den Rundfunknachrichten vom 23.3.2018 wurde betont – er wolle in
Zukunft "null Toleranz" gegenüber Straftätern wo das Gesetz gebroch-
en wird walten lassen!
Da es sich in meinem Fall um schwerste Grund- und Menschenrechtsver-
letzung handelt, welche ich mehrfach zur Anzeige gebracht habe, jedoch auch trotz eingereichter Petition nicht gehandelt wurde – hoffe
ich nunmehr auf die aktuelle Aussage als neuer Bundesinnenminister –
auch diese verbrecherischen Machenschaften beenden zu lassen!